知识生产的原创基地

BASE FOR ORIGINAL CREATIVE CONTENT

颉腾商业
JIE TENG BUSINESS

THE 6 ENABLERS
OF BUSINESS AGILITY

HOW TO THRIVE IN AN
UNCERTAIN WORLD

赋能

打造快速应变的
敏捷组织

[英] 卡里姆·哈伯特（Karim Harbott）——————著

谭群——————译

中国广播影视出版社

图书在版编目（CIP）数据

赋能：打造快速应变的敏捷组织 / (英) 卡里姆·哈伯特著；谭群译. --北京: 中国广播影视出版社, 2023.3
ISBN 978-7-5043-8997-8

Ⅰ. ①赋… Ⅱ. ①卡… ②谭… Ⅲ. ①企业管理—组织管理 Ⅳ. ①F272.9

中国国家版本馆CIP数据核字(2023)第042224号

Title: THE 6 ENABLERS OF BUSINESS AGILITY: HOW TO THRIVE IN AN UNCERTAIN WORLD by Karim Harbott

北京市版权局著作权合同登记号 图字：01-2023-0693 号

赋能：打造快速应变的敏捷组织
[英] 卡里姆·哈伯特 著
谭 群 译

策　　划　颉腾文化
责任编辑　王　佳　夏妍琳
责任校对　龚　晨

出版发行　中国广播影视出版社
电　　话　010-86093580　010-86093583
社　　址　北京市西城区真武庙二条 9 号
邮　　编　100045
网　　址　www.crtp.com.cn
电子信箱　crtp8@sina.com

经　　销　全国各地新华书店
印　　刷　文畅阁印刷有限公司

开　　本　640 毫米 ×910 毫米　1/16
字　　数　183（千）字
印　　张　14
版　　次　2023 年 3 月第 1 版　2023 年 3 月第 1 次印刷

书　　号　ISBN 978-7-5043-8997-8
定　　价　69.00 元

译者序

机缘巧合得以翻译卡里姆·哈伯特（Karim Harbott）的佳作 *The 6 Enablers of Business Agility*，我深感荣幸。

身处不确定且复杂的国际新商业环境时代，时刻保持高度的敏捷性对组织的重要性不言而喻。现有的相关书籍中，旨在提高组织敏捷性的框架、模式、技术、流程和实践细节指导类工具书琳琅满目，它们将组织领导者们的目光引向了寻找实现敏捷性的高效工具并将其应用于实践。然而很多组织的实践过程并不顺畅，各种障碍层出不穷，挑战从未停止。究其原因，一个重要的方面是组织忽视了为所选的敏捷性模式和技术等创造与之相匹配的环境，以为好的工具在任何环境都能发挥巨大作用。这显然有待商榷。正如很多软件需要在 java 环境中才能正常运行一样，提高敏捷性的各种工具、方法也需要在适合的组织环境中应用才能发挥其作用。因此，目前组织领导者们的目光需要聚焦于营造合适的敏捷性环境——创建底层组织操作系统。卡里姆·哈伯特的这本书正是致力于帮助组织创建适合各类敏捷工具和技术的环境，这类主题的书是现有已出版书籍中所缺乏的，却恰恰是许多企业正需要的。这是本书区别于同类著作的最大亮点。

作为全球知名的领导力和业务敏捷性专家、企业家、作家、非执行董事、演说家，卡里姆·哈伯特拥有 20 多年的数字产品开发经验，以及 10 多年的帮助组织实现业务敏捷性和业务转型的丰富经验，他同时也是全球少数拥有认证敏捷领导教育师、认证 Scrum 培训师和认证企业教练身份的人。本书是卡里姆多年多角色从业经验的浓缩和总结，定位清晰、系统性强、结构流畅、内容新颖、案例丰富、行文深入浅出、可读性强。

对我而言，历时半年的翻译过程也是一段难忘的敏捷学习之旅。

我要特别感谢负责本书引进和编辑的总策划及出版社的各位编辑，没有他们前期独到的眼光以及后期耐心、细致的审核和校对工作，本书不可能顺利地出现在各位读者面前。在此表示由衷的感谢！

没有译者的翻译是完美的。虽然我在翻译时多方参考、细致查证、反复斟酌，但文中仍定有欠妥之处，欢迎热心的读者批评指正。

谭群

2023年2月28日于厦门

推荐序

"敏捷力"是核心竞争力

我们正处在一个大变革时代。在高度动荡的国际环境中如何获得持续的竞争优势是每一位企业家都会关注的战略命题。伴随着技术的快速更新与迭代，企业家们发现要想通过技术创新来维持自己的竞争优势，进而建立竞争壁垒越来越难了。技术的快速商业化既催生了一些快速成长的创业公司，也导致了许多传统企业的没落。如果企业跟不上时代的步伐，很快就会被时代所淘汰，这也使得企业的寿命越来越短。

核心竞争力是竞争优势的源泉，没有核心竞争力，企业就无法拥有竞争优势。传统的核心竞争力理论将技术视为竞争力的主要来源，然而，在数字经济时代，我们需要改变这一传统认知。为了适应外部环境的快速变化，越来越多的领先企业开始将"敏捷力"视为企业的核心竞争力，这些企业发现，如果企业没有敏捷力，即使拥有强大的技术能力，也难以快速地适应客户需求的变化，难以创新商业模式，难以为客户创造价值。

《赋能：打造快速应变的敏捷组织》这本书的出现可谓恰逢其时，它为领导者思考如何打造敏捷力提供了战略指南。在本书中，作者卡里姆·哈伯特将业务敏捷性定义为：为了在日益动荡的商业环境中最大限度为客户提供价值而快速、轻松地响应变化的能力。显然，企业唯有拥有了敏捷力才能够在高度不确定的环境中快速地适应、改进和创新，从而使组织在不断变化中保持领先优势。

许多人对敏捷性并不陌生，敏捷这个词最早来源于软件开发，敏捷运动起初也是由专注于小团队的软件开发人员发起的，但是，当把敏捷性与核心竞争力、竞争优势这些重大问题联结起来时，许多人并不知道从何入手。哈伯特敏锐地识别到这一问题，他指出打造敏捷组织是一个系统工程，牵一发而动全身，要想提高变革的成功概率，领导者需要从多个维度全力推动变革。

基于多年帮助企业建立敏捷组织的经验，哈伯特提出了一个打造敏捷组织的变革框架，这一框架包括了领导和管理、组织文化、组织结构、人员和敬业度、治理方法和投资方式、工作方式等六个要素，这六个要素实际上是提升企业敏捷力的驱动因素，它们之间是高度关联的，每个促进因素都会影响所有其他促进因素。换言之，企业要想打造高敏捷组织就需要在这六个方面下功夫。

针对以上六个要素对业务敏捷性的影响，哈伯特列举了大量生动的故事和案例，让读者能够比较清晰地理解每个要素在打造高敏捷组织中的重要作用。同时，作者也分析了每个要素在变革中经常遇到的障碍，为读者提供了克服这些障碍的知识和工具。

在过去的十余年间，我一直聚焦于研究企业的战略变革与组织转型，尤其是围绕着企业在数字经济时代如何重塑竞争优势这一核心命题开展了大量研究。我和哈伯特有共同的感受，大多数企业领导者在变革时轻视了变革的难度与挑战，导致大量的变革无法达成既定的目标。实际上，组织是一个复合的生态系统，而不是复杂的机器，因此，在组织中各个要素之间的因果关系无法提前预测，影响变革的因素也错综复杂，互为因果，这直接导致了变革结果的不确定性。我认同作者的观点，如果领导者将变革视为一项创新或任何探索领域的工作，采取一种试验性的方法，边探索，边实践，不断提升组织的敏捷力，快速地为客户创造价值，这样的探索式变革常常会取得意想不到的效果。

哈伯特强调，这不是一本关于方法的书，因为，他不相信世界上有一种放之四海而皆准的变革方法，凡是渴望这种方法或者秘诀的人，显然是低估了变革的复杂性和特殊性。我也非常认同这个观点，管理没有终极的答案，只有永恒的追问。变革的复杂性和特殊性也使得没有一种方法能够指导变革实践，相反，如果管理者能够理解变革背后的基本逻辑与核心原则，并因地制宜，将更有可能推动变革成功。

尽管哈伯特不以变革方法作为本书的重点，但其实这本书中也有不少有效的变革办法，比如作者在书中提供了一个有效的工具：业务敏捷画布——利用一张图可以展示企业的变革意图，将打造敏捷组织的六个核心要素全部展示出来，在一页纸上看到高层次的变革将使检查一致性和连贯性变得更加容易，同时避免进行相互冲突的变革。业务敏捷画布有利于提升协作、协调和沟通，引导管理者朝着共同的愿景和目标而奋斗。

在本书的最后，哈伯特还分析了大多数变革失败的原因，并据此提出了引领变革的一些基本原则，这些原则与业务敏捷画布一起，可以帮助企业避开导致变革计划失败的关键因素，引领企业变革走向成功。

当下，企业经营的外部环境正在发生着剧烈的变化，要想在动荡的国际环境中获得竞争优势，将敏捷力视为新的核心竞争力是领导者的明智之举，唯有以变制变，企业才能在变革中寻找到新的增长机会。我真诚地把这本书推荐给读者，希望朋友们能够从本书中找到适合企业自身变革的原则、方法和工具，把企业打造成一个能够快速应变的敏捷组织。

香港创业创新研究院院长、北京大学光华管理学院管理实践教授

曹仰锋

2023 年 3 月 10 日

序　言　关于本书

仅仅努力是不够的。你必须知道该做什么，然后再努力。

——威廉·爱德华·戴明（W. EDWARDS DEMING）

业务敏捷性和组织操作系统

业务敏捷性的真正定义是：为了在日益动荡的商业环境中最大限度为客户提供价值而快速、轻松地响应变化的能力。它能快速地适应、改进和创新，使组织足以在不断变化中保持领先。这是世界上最成功的组织与其他所有组织所不同的特征。当组织具备这一特征后，就能轻松地实现快速的进化、突破和持续的再造。以下是关于一家蓬勃发展了两个半世纪的公司的故事。它之所以能做到持续成功，只是因为其具有前瞻性思维的领导者能随着市场的变化不断地推动公司的发展。

这家公司就是纳铁福（GKN），一家成立于1759年的英国航空航天公司。比这个拥有260多年历史的组织更引人注目的是，航空先驱莱特兄弟（Wright Brothers）直到1903年才第一次成功地飞行，而此时距离纳铁福成立已有整整144年。这怎么可能？答案是纳铁福公司并不是一直在从事航空航天业务。它最初是一个煤矿，后来在工业革命期间成为英国最大的铁矿石生产商。到20世纪初，它成为世界上最大的紧固件（螺栓、钉子和螺钉）生产商。不久之后，它开始制造汽车零件，随后是飞机零件。2017年，纳铁福公司为世界上一些大型的航空航天公司提供服务，创造了 96 亿美元的收入，雇了 58 000 名员工。

许多组织寄希望于通过复制某些特定的工具、流程和框架来实现类似级别的业务敏捷性，却很少有人明白，仅仅采用这些工作方式而不改变组织的现行构架、政策和思维方式，就好比在由 iOS 驱动的 iPhone 上安装专为安卓系统（Android）设计的应用程序一样。他们所选择的实践与我所说的组织操作系统不兼容。

有许多很好的书籍提供了有关提高敏捷性的各种框架、流程和实践的细节。我职业生涯的大部分时间也都在为这些细节的实施提供建议，但你手里的这本书与那些书有所不同。

这本书不是关于具体的工作方法，而是关于如何为业务敏捷性创建底层组织操作系统，这是一个很少被涉及的主题。简而言之，它是关于为无数敏捷工具和技术创造合适的环境，使其能有效地工作，并最终在不确定的世界中建立蓬勃发展的组织。

我为什么写这本书

许多人都梦想着写一本书，我却从来不热衷于此。我选择数学作为我的第一个学位专业，然后成为一名软件工程师，这样我就不必写文字了。后来我继续这种思路，硕士时选择了创新和创业专业。然而，你现在所看的这本书已经在我厌恶写作的头脑中酝酿了十多年。在那段时间里，很多时候我都不知道我会写成一本书——但近年来，我正沿着这条路走，这一点变得越来越清晰。那么，为什么我做了我职业生涯中大部分时间都在回避的事情呢？

在过去的 20 年里，我曾与数十家组织合作过世界上一些大型的转型计划。合作中，我做错过很多事，也做对过很多事，并且我学到了比我想象中更多的东西。我从软件工程师变成了在一个相当传统的有 12 万人的组织中工作的项目经理，最终创立并开始领导我自己的公司，帮助领导者和整个组织采用现代的、先进的、通常是不熟悉的工作方式。我看到许多组织在它们的敏捷之旅中努力取得成果，许多组织在犯相似的错误。因此，我希望与尽可能多的人分享我所学到的知识并以此产生积极的影响。我坚信，写这本书能让我接触更广泛的读者，提炼多年的学习和实践经验，并切实帮助走在相似道路上的人们。

我的两个关键动因

当我花了一些时间明确我真正的动力并确定我正在努力解决的基本问题时，我发现这归结为两点。这两点就是我写书的原因，是我每天早上起床的原因，也是我创建 6 个促进因素模型的原因。

- 动因 1：提高组织敏捷性。当前的世界比我们历史上的任何时候都更加复合、更加相互关联、更加动荡，因此更难以预测。为了在这样的环境中生存和发展，组织需要具备快速、轻松、低成本调整的能力，但大多数人并不知道从哪入手。
- 动因 2：提高人们的敬业度。谈到工作，很多人会感到无能为力、沮丧和无聊。他们无法充分发挥自己的潜力，因为他们的创意、创造力以及对所做工作的热情被扼杀了。由此，协助组织的领导者塑造环境，让人们不仅能更有效地工作，还能享受他们所做的工作，这给我带来前所未有的满足。

简而言之，我热衷于帮助创建以出色的产品和服务取悦客户的高绩效、敏捷的组织，我热衷于帮助创建真正以人为本的、人们喜欢工作于其中的组织——人们可以在其中发挥他们所有的能力，每天都能实现自己潜力的组织。我在职业生涯中所做的一切都是为这些动因服务的。虽然这两个动因可能看起来不同，但在实践中，两者是息息相关的。

大多数组织（尤其是传统组织）往往不太关注这两者。坦率地说，这并不奇怪。在 20 世纪，生存和繁荣需要的是效率和顺从，而不是适应性和创造力，但之后世界发生了很大变化。在现在的 21 世纪，我们需要重塑组织以使其能够在截然不同的商业环境中有效运作。

如何使用本书

这不是一本关于方法的书。尽管许多人渴望看到这样的书，但这本书不是。由于业务目标、文化、能力和战略的多样性，不可能有普遍适用的方法。那些声称拥有这样一个秘诀的人显然误解了组织变革的复杂性和特定环境下的特殊性。就比如，不是每个人都想做同样的蛋糕，他们当然也没有相同的原料和设备。基于此，本书侧重于思维方式、原则和一般模式。它总结了我认为提高组织敏捷性所需的重要因素及其工作原理。这是所谓的敏捷转型中需要考虑的事情。

本书将提供示例、故事、知识和工具，以助你一臂之力。具体如何在每个独特的环境中应用它们将取决于引领变革的人。对于这么大的话题，我不可能涵盖所有内容。相反，我想强调的是那些经常被忽视但对创建高绩效、敏捷组织至关重要的方面。在每一章的末尾，我都为那些希望更详细地探究该主题的人提供了小结，并在第 4 章到第 10 章提供了关键实践。在每一节的末尾，我都请读者思考其工作所具有的特定背景。我建议你花时间进行这些思考并记下你的答案。当你探究最后一章并开始考虑填写业务敏捷画布时，将这些思考放在一起将是非常有价值的。

在某种程度上，这本书的每一章都是独立设计的。你可以阅读任何一章并从中获益。然而，考虑到这里探讨的主题的相互关联性，我建议你阅读整本书。就像运动员把所有的元素（包括正确的饮食、体育训练、技术和战术）整合起来共同实现他们的目标一样，最后一章展示了如何以一种互补的方式设计这 6 个促进因素来实现业务目标。我希望在读完本书后，人们会受到启发去深入研究他们最感兴趣的领域。有很多很好的材料可以用来继续你的学习之旅。

敏捷仅限于信息技术（IT）部门的日子早已一去不复返了。那么这本书是针对谁的呢？我相信，有两个主要群体将从中受益最大。第一个群体是领导敏捷转型的领导者。这些人希望寻求创建更灵活、更具适应性的组织。对这个群体，这本书将不仅让他们看到其作为领导者在日常表现上需要做出哪些改变，也将阐明他们的业务中需要涵盖和发展的方面。第二个群体则是那些通过敏捷转型来指导领导者的人，也就是在组织层面提供建议和指导以支持这些变革的高级管理导师和顾问。我将要讨论的主题是我非常希望这群人能够自学的内容，以便他们能够为领导者提供有益的指导和建议。我经常看到许多关于敏捷转型的主题被忽略，因为它们不在人们关注的范围内。我希望采取某种方式引起人们对它们的重视。

在本书中，我不会将任何特定的敏捷方法标榜为卓越的方法。在敏捷领域已经有很多这样的书了。大多数方法在某些情况下运行良好。我将尝试去确定某些方法在哪些情况下可能有效，以及为什么有效。我也不会提供规范性的方法，因为每个组织都是不同的，每个组织都有自己到达敏捷性和高绩效的途径。相比方法，更为重要的是，我们要创造一个环境，让所有选择的方法都能在其中发挥效用。

在第 1 章和第 2 章中，我将首先描述敏捷运动如何开始以及它如何引起董事会的关注。我还将从业务和领导力的角度阐释敏捷性的必要性。在第 3 章中，我将概述寻求实现敏捷性的组织需要关注的 6 个主要方面。通常，其中只有一两个方面受到关注，这种关注内容的不全面直接导致敏捷转型极低的成功率。第 4 章到第 9 章将深入探讨第 3 章中确定的 6 个方面背后的基本原理。最后，第 10 章将通过业务敏捷画布的视角将 6 个方面整合在一起。这不仅可以告诉组织如何开始敏捷转型，还可以指导它们围绕愿景、成功标准、关键风险、关键利益相关者和关键障碍实现清晰性和一致性，通过涵盖业务敏捷性的 6 个促进因素的一组协调的高级别变革，为你的转型提供最大的成功机会。

相信这本书会给你带来有价值的思考与启发。

目　录

第 10 章　引领变革

第 1 章

不断变化的商业环境

我们正处于这样一个伟大的历史时期，这样的时期每两三百年就会出现一次，此时人类不再能了解这个世界，而过往的历史也不足以解释未来。

——彼得·德鲁克（PETER DRUCKER）

在本章中，我们将探究

- 探索和利用之间的主要区别
- VUCA（易变性、不确定性、复合性和模糊性）的概念及其对商业环境的影响
- 敏捷性工作方法产生的主要驱动因素

1.1 探索和利用：两个关键的组织活动

想想当今商业上最成功的那些组织，是什么让它们如此成功？优质的产品或服务？伟大的商业模式？高效的运营？持续创新并开发成功的新产品、服务和商业模式的能力？对于最成功的组织来说，其成功之处很可能包括上述所有。在最高层面上，大多数组织都在进行两种主要类型的活动——利用现有产品和服务以及探索新产品和服务。大多数组织会更关注其中的一种活动，但这两种活动在某种程度上都会发生。这两种活动存在本质差异：它们追求不同的结果，需要不同的技能，并且必须以不同的方式开展。

传统组织往往倾向于利用已知并了解的产品、服务和商业模式。多

年来，人们对这些商业要素的需求已经得到证实。有效利用的战略是，通过对现有产品和服务进行渐进改善、降低成本和提高效率来进行竞争。在这个过程中，有足够的数据可以辅助领导者做出准确的预测，可以制订详细的计划，并且可以根据收入、增长和利润来评估绩效。这些活动在很大程度上是容易理解和可预测的，成功依赖于对既定目标的有效执行。这种追求正是我们对成熟组织的期望。有效利用的一个例子是，亚马逊运用算法提高了从其运营中心挑选和运送货物的效率。以更低的成本提供和以前相同的服务，使亚马逊可以将这些节省的成本让利给客户，从而获得竞争优势。

虽然许多组织已经掌握了有效利用的艺术，但很少有人能声称自己在探索方面是有效的。探索是寻求新产品、服务、客户细分甚至整个商业模式的行为。探索的战略是通过创新和必要时的整个组织再造来竞争。这种战略具有不确定性和不可预测性，往往会涉及大量的反复试验。因此，通常不可能对其做出预测和详细计划。回到我们的亚马逊案例，在利用其在线零售的核心商业模式的同时，亚马逊也在不断探索新的产品、服务和商业模式。其中一个例子是 Kindle 电子阅读器，这是一项彻底改变出版业的产品创新。另一个例子是商业模式创新，一个叫作亚马逊网络服务（AWS）的云计算平台。亚马逊网络服务于 2002 年首次出现并于 2006 年重新推出，到 2019 年底，亚马逊网络服务的年收入超过了 300 亿美元。

我们将看到，有效利用和探索的能力比以往任何时候都更加重要，但并非一直以来都是这样。传统上，组织能够在很大程度上通过掌握有效利用来取得成功。在本章的剩余部分，我们将看一看探索的必要性如何随着时间的推移而增加，以及这种转变的主要原因。

思考

你所在的组织中利用现有客户产品的关键领域是什么？探索新客户产品的关键领域是什么？二者各自花费了多少关注和投资？这与你所在行业中最成功的公司相比如何？记得将你的答案记录在笔记本中，以便在第 10 章中使用。

1.2 20 世纪的组织：高效利用

在 20 世纪的大部分时间里，组织通过成为高效利用方面的专家、创造规模经济以及不懈追求运营效率而得以生存和繁荣。通过提供比竞争对手更优质或同质但更便宜的产品就可能胜出。因此，管理人员不断寻求以最少的时间、金钱或精力投入获得最高可能的产出。这主要是通过专业化、标准化和劳动分工来实现的。简而言之，最高效者最能生存。有效利用现有产品和商业模式的能力是主要的关注点，因此组织几乎完全是为此目的而设计。

效率运动的典型代表是福特汽车公司（Ford Motor Company）的创始人亨利·福特（Henry Ford）。1913 年 10 月 7 日，福特和他的团队在当时位于密歇根州高地公园的福特工厂推出了可以说是制造领域有史以来最伟大的创新：移动装配线。受到芝加哥包装工用来装牛肉的高架手推车的启发，该新工艺使 T 型车的生产时间从 12 小时缩短到 90 分钟，价格从 850 美元下降到 300 美元。这项创新最终使公司每 24 秒就能生产一辆 T 型车。到 1927 年，福特公司已经从一家小型汽车制造商发展到了每年销售超过 1 500 万辆 T 型车——占当时所有汽车销量的一半。它巧妙地利用了 T 型车并在效率游戏中获得了胜利。

装配线生产方法很快传播到其他汽车公司，然后传播到几乎所有的其他消费品制造商。与此同时，与福特同时代的弗雷德里克·泰勒（Frederick Taylor）正在将工程学和科学方法应用于工厂车间，以衡量和提高工人的生产力。在 1911 年的开创性著作《科学管理原理》中，泰勒概述了如何通过确定从事工作的“最佳方式”，并确保每个人都遵循这种方式来降低单位成本以获得效率最大化。泰勒会研究每项工作，将其分解为细小步骤，精心地优化和记录每个步骤，从而优化整项工作，就像机械师通过调整每个组件来提高引擎性能一样。泰勒总结了他的方法：“只有通过强制方法标准化、强制采用最好的工具和工作条件以及强制合作，才能确保更快的工作。强制采用标准以及强制合作的责任完全在于管理层。”

福特和泰勒的办法极大地提高了生产力，并使效率到达前所未有的水平。福特和泰勒的严格等级模式和专业化模式类似于一台经过精确调整的机器。这台机器将权力和决策集中在最高层，将命令层层向下传递，并通过消除不符合标准的产出来提高效率。为了做到这一点，组织设法测量、控制和最小化差异。这样就产生了各种新方案，包括我们现在所熟知的六西格玛（Six Sigma）和全面质量管理（Total Quality Management）。

纵贯整个 20 世纪，那些采用机器模式的企业由于其对效率的高效利用，往往都取得了领先于市场的绩效，因此组织设计和几乎所有的管理工具都主要集中在（高效利用）这一领域。

> **思考**
> 你所在组织的哪些部门针对高效利用进行了优化？这些领域的特征是否具有稳定性、可预测性和已知产出？你的组织在利用现有产品和服务方面的效果如何？

1.3 VUCA 的兴起：游戏规则已经改变

在整个 15 世纪，欧洲步兵的标准阵型是基于他们的主要武器长枪而编排的。16 世纪初，火枪被采用。在接下来的 100 年里，长枪逐渐失宠，火枪和刺刀成为默认的步兵武器。然而，令人惊讶的是，步兵的标准阵型依然保持不变。过了两代才有人想起这个问题：“这还是我们步兵最有效的阵型吗？”很快，大家就意识到该阵型不是针对火枪而是针对长枪和弓的最优化阵型。不久之后，默认阵型就被改变以更适合新的情境。

这是今天在各种情境下都可以经常看到的一种现象。主导范式代代相传，很少有人会花时间去质疑它在当前情境下是否仍然合适。某范式在一个世纪或更久以前是合适的这一事实似乎成了该范式保持不受质疑的充分理由。任何听过“但我们一直都是这么做的”这句话（作为某流程保持不变的理由）的人都会熟悉这个概念。

按照今天的标准，20 世纪在创新方面基本上是停滞的，创新极为罕见。这意味着大多数组织能够提前准确地知道什么工作要做，什么方面要利用。当您几乎可以肯定地知道自己在做“正确的事情”时，效率是衡量有效性的一个不错的指标。需要解决的问题是如何以尽可能少的资源投入生产既定的产出。这一时期许多组织实体的文化、结构和政策（即组织运营系统）就是为此而设计的。

因此，大多数大型的传统组织都是为了解决 20 世纪的挑战而设计的，并且已经做好了充分的准备。但现在的情况是，许多组织发现自己正处于非常不同的商业环境中。在这种环境中，昨天的解决方案不能用来解决今天的问题，效率很少成为最重要的目标，知道在哪些“正确的事情”上工作已经变得几乎不可能。能够生存和发展的组织是那些认识到现在存在一个根本不同的问题的组织；那些能够不断重塑自我以解决这些新问题的组织；那些能够同时掌握探索和利用艺术的组织。

当今世界可以用 VUCA 一词（volatility、uncertainty、complexity、ambiguity 这 4 个词的缩写）来描述其特征。这个词兴起于 20 世纪 90 年代初期的美国陆军战争学院，描述了冷战后比以往任何时候都更加易变、不确定、复合和模糊的多边世界。VUCA 词条在 2008 年和 2009 年全球金融危机后很受欢迎，似乎成了新的常态。下面就来介绍它的含义。

1.3.1 易变性（Volatility）

一切都始于突尼斯（Tunisia）中部的西迪布济德（Sidi Bouzid）街道。一位名叫穆罕默德·布阿齐兹（Mohamed Bouazizi）的 26 岁男子正在努力寻找工作。他拒绝加入“失业青年大军”，转而靠卖水果和蔬菜来养家糊口。然而，他不断遭到当地警察的骚扰，最终他的手推车和货物被没收，表面上是因为他没有许可证。后来的事实证明，当时极少数街头小贩有许可证，人们甚至不清楚是否需要许可证。这使布阿齐兹负债

100 美元，无法谋生。2010 年 12 月 17 日，由于警察的腐败行为以及无法支付所要求的贿赂款，布阿齐兹愤怒得再也无法忍受了。他去了位于西迪布济德的州长办公室，往自己身上浇满汽油，大声喊道："你们让我怎么活？"

然后他点燃了火柴，世界就此永远改变了。

谁也没有预料到事态发展的速度如此之快。布阿齐兹自焚的照片迅速出现在网上，几小时内愤怒的人群开始抗议。他无意中激起了当时生活在中东各地的许多人的愤怒。用智能手机拍摄的抗议视频很快通过 YouTube 网站和其他社交媒体平台在全球传播。尽管警察奋力维持秩序，抗议活动还是蔓延到整个突尼斯并最终冲进首都。仅仅 4 个星期后，突尼斯总统扎因·阿比丁·本·阿里（Zine alAbidine Ben Ali）辞职并逃往沙特阿拉伯，结束了他 23 年的统治。又过了 4 个星期，埃及总统胡斯尼·穆巴拉克（Hosni Mubarak）30 年的统治结束，紧随其后的是穆阿迈尔·卡扎菲（Muammar Gaddafi）在利比亚 42 年的统治结束和阿里·阿卜杜拉·萨利赫（Ali Abdullah Saleh）总统在也门 22 年的统治结束。10 年过去了，在我写本书的时候，叙利亚仍处于内战中。

布阿齐兹的故事以及随后的"阿拉伯之春"（Arab Spring）事件证明了我们现在生活的世界的易变性。如果这些事件早发生 10 年，影响可能会很小。那时最流行的手机诺基亚（Nokia）3310 没有视频功能，YouTube 也还没有创立。事实上，技术进步和世界日益紧密的相互联系支持了信息、图像和视频的快速传播，并使"阿拉伯之春"迅速形成了不可阻挡的势头。

这只是说明当今世界的变化速度与我们以前目睹的一切都不一样了的一个例子。同样的现象也出现在商业环境中。18 世纪到 19 世纪的工业革命永远地改变了世界。麦肯锡全球研究所（The McKinsey Global Institute）估计，今天的变化速度大约是那个时期的 10 倍，规模大约是 300 倍。这意味着今天正在发生的变化带来的影响是工业革命影响的 3 000 倍。所有这些加起来就是一些惊人的统计数据。如果我们考虑新技术的采用速度，就会发现它们近年来有急剧的上升（见图 1–1）。电力（发明于 1873 年）用了 46 年的时间才被 25% 的美国民众采用。电话（1876 年）和收音机（1897 年）分别在第 35 年和 31 年就达到了同样的里程碑。万维网（1991 年）只用了 7 年，而智能手机（2007 年）只用了 4 年。可以说，最后两种技术的快速采用导致了许多组织的没落——诺基亚公司（Nokia）、百视达公司（Blockbuster）和鲍德斯集团（Borders），仅举 3 例。其产品、服务或商业模式都在短短几年内就过时了，它们只是反应不够快。技术的快速采用也导致了几乎所有当今最有价值的公司的崛起，包括苹果公司（Apple）、亚马逊公司（Amazon）、谷歌公司（Google）和脸书公司（Facebook）。

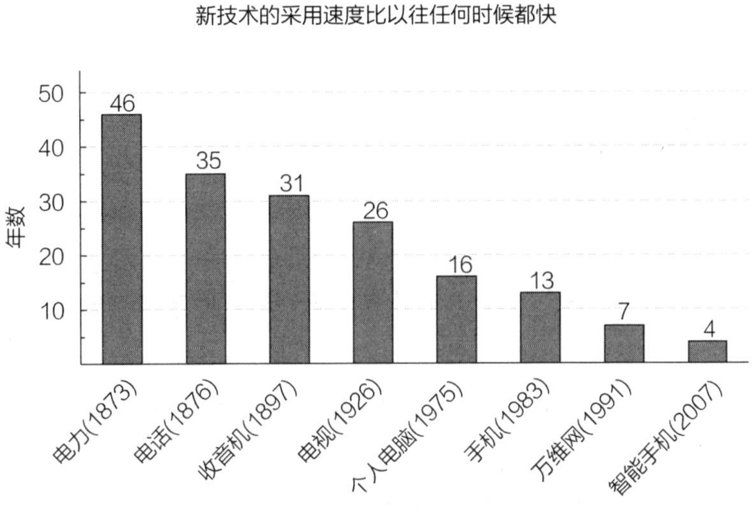

图 1-1　各项技术被 25% 的美国民众采用所用的年数

同样，组织曾经需要几十年的时间才能达到 10 亿美元或更高的神奇估值。普拉达（Prada）用了 98 年的时间才达到这个里程碑。哈雷戴维森（Harley Davidson）和惠而浦（Whirlpool）都用了 86 年，耐克（Nike）和星巴克（Starbucks）各用了 24 年，即使是强大的谷歌公司也用了 8 年。然而，相比之下，哇信（WhatsApp）和卓博思（Dropbox）只用了 4 年，斯奎尔（Square）用了 2 年，威沃克（WeWork）用了 18

个月，而阶梯卡姆（Jet.com）仅仅用了 4 个月（见图 1–2）。所有这一切都意味着，对你的组织造成最大威胁的可能是那些利用尚未发明的技术的目前尚不存在的实体。在此背景下，许多 3 到 5 年的战略计划往往墨迹未干就已过时。现在我们似乎生活在这样一个时代，唯一不变的就是无情的改变。无论这种变化是社会的、技术的、经济的、环境的、政治的还是军事的，这种趋势似乎都将继续下去。所有这些应该都会让那些成熟市场的领导者感到不安。

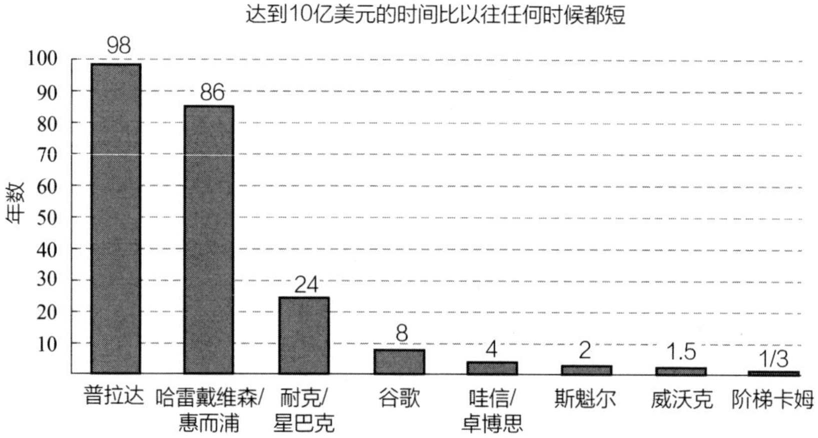

图 1–2　市值达到 10 亿美元市场所用的年数

1.3.2　不确定性（Uncertainty）

现在，我们拥有比以往任何时候都更多的信息。我们拥有更多的技术和更强大的计算机处理能力。尽管如此，我们在对未来做出准确预测方面从未如此无力。形势变化越快，相互关联越多，我们预测未来的能力就越弱。

为了说明这一点，让我们回到 1961 年，一位名叫爱德华·洛伦兹（Edward Lorenz）的麻省理工学院数学家正在使用当时的尖端计算机皇家麦克比 LGP–30（Royal McBee LGP–30）模拟两个月的天气变化。他使用 12 个变量来代表与温度、风速等相关的启动条件。洛伦兹希望更详细地检查一些条件间的相互作用，于是开始重新运行其中的一个模拟。鉴于 1961 年的计算机处理能力比现在弱得多，他使用了这 12 个变量的一组打印结果，并从中间点开始模拟以节省时间。1 个多小时后，洛伦兹回来发现结果与原来的试验结果相比偏离了很多，甚至面目全非。

他很震惊。怎么会这样？洛伦兹一开始怀疑出现了当时常见的计算机硬件问题。但是，计算机在正常运行。经过大量调查，他终于找到了罪魁祸首：数据。计算机将数据存储到小数点后 6 位，但洛伦兹的打印结果只显示了 3 位。因此，数字 0.506127 被他输入为 0.506。

只是在 12 个数中的一个数据点上产生的这种微小舍入误差不应该对结果产生什么影响。事实上，当时人们普遍认为微小的差异是可以忽略不计的。在 1986 年测量哈雷彗星位置方面的微小错误只会导致预测它在 2061 年的到达时间有微小误差。然而，在本例中，输入的微小变化并没有像预期的那样导致输出结果的微小变化，而是造成了巨大的差异，以至于这两种天气模式看起来就像是随机选择的一样。洛伦兹随后的调查研究使他在 1963 年发表了一篇名为《确定性非周期流》的论文。该论文为混沌理论奠定了基础。

1972 年，洛伦兹发表了题为《可预测性：巴西一只蝴蝶扇动翅膀，能否在得克萨斯州掀起一场龙卷风？》的演讲。“蝴蝶效应”一词由此而来。它通常用于描述初始条件的微小变化如何导致结果的不成比例变化。正如我们将看到的（在接下来的复合性部分），不可预测的、非线性行为是复合系统的标志。这就是为什么我们可以高度自信地预测伦敦何时会看到下一次月食，但我们很难预测圣诞节是否会下雪。前者是有序、可预测的问题示例，而后者是无序、不可预测的问题示例。随着我们的组织越来越多地在后者这种更复合的空间中运营，在准确预测方面的能力缺失会导致许多传统的、确定性的商业实践日益低效。

1.3.3 复合性（Complexity）

凭直觉，我们都知道我们在业务范围内做着不同类型的工作。作为个人，我们知道应该以不同的方式处理不同类型的工作，但组织常常不能认识到这一点，并且不能在不同情况下使用适合情境的不同领导方法。试想，一个在医院工作的神经科学家团队正在对一种新的、具有高度试验性的药物进行临床试验。他们可以期望通过分析预先知道多少？随着工作的进展，他们的计划保持不变的可能性有多大——或者他们有多大可能会在前进的过程中了解哪些方面有效，哪些方面无效？现在试想一下，在同一家医院内铺设高速电缆的网络工程师团队会以同样的方式处理他们的工作吗？他们能否制订并坚持更详细的计划？他们的工作是否比神经科学家的工作更具可预测性？

我们在生活中经常听到 complicated（复杂的）和 complex（复合的）这两个词。许多人互换使用它们而并没有真正考虑它们的深层含义。当用于描述系统的性质时，除了前 5 个字母相同之外，这两个词语没有任何相似之处。为了理解如何管理既复杂又复合的系统，我们必须首先弄清楚每个词在这种情况下的含义。

人类的大脑足以理解复杂的系统。复杂的系统是有序的。系统可能包含很多部分，但每个部分都以相对简单易懂的方式与下一个部分相连。汽车发动机就是一个典型的复杂系统。每个部分都可以孤立地被理解，并且各部分之间的相互作用可以很容易地被合理地表达出来。由于相互作用的数量很少，因此可以通过将整体确切地分割为独立的部分来理解。整体就是这些部分的总和。这意味着，通过分析我们可以对系统的行为做出相当不错的预测，可以提前了解因果关系。复杂系统的另一个标志是其行为是线性的。投入的变化将导致产出的成比例变化。例如，如果你在银行存入 1 000 美元并获得 5% 的利息，那么一年后你的利润会有 50 美元。如果你投入 2 000 美元，一年后你的利润会有 100 美元。因此，我们有一个可预测的线性因果关系，使我们能够提前了解对系统进行更改的影响。简而言之，系统里有未知数，但它们是已知的未知数。

人脑并不那么容易理解复合的系统。这些系统是无序的。复合系统有许多部分，且所有部分都与许多其他部分以我们无法理解的方式进行相互作用。随着相互作用的数量和频率的急剧增加，任何人几乎都不可能理解这个系统。正如我们在阿拉伯之春和爱德华·洛伦兹的例子中看到的那样，复合系统的一个标志是给定变化的结果的易变性和完全不可预测性。人们根本无法理解大量可能的相互作用和结果。系统的行为是非线性的，因为输入的微小变化可能会产生截然不同的输出。试想一下，如果在一个玩家的初始组中只改变一两个字母块，拼字游戏（Scrabble）的玩法会有多么不同。使用不同的初始字母，在每个玩家转 20 轮之后，与使用原始字母块相比，游戏将完全无法识别。

与复杂系统不同的是，不能通过将复合系统分割成各组成部分来理解它们。这是因为它们的行为不是系统各部分的总和，而是各部分间无数相互作用的产物。这就是为什么检查患者视力模糊的医生不能单独关注眼睛。从近视到高血压到糖尿病，任何情况都可能是视力模糊的根本原因。糖尿病是一种胰腺无法分泌胰岛素的疾病，而这又可能是由遗传因素和生活方式因素共同导致的。分割论方法没有将导致任何特定结果的所有可能的相互作用考虑进来。在这种情况下，医生需要更全面地思考。

所有这一切都意味着，在复合的系统中工作时，想要通过分析来提前预测因果关系是很愚蠢的。无论人们多么努力地研究一个系统，它总会产生意外的结果。复合的系统只能反复通过试验与试错来理解。正如经济学家、作家蒂姆·哈福德（Tim Harford）曾经说过的那样："你向我展示了一个成功的复合系统，我将向你展示一个伴随着无数试验与试错从而进化了的系统。"

表 1-1 总结了复杂系统和复合系统之间的主要区别。

表 1-1　复杂系统和复合系统归纳

	系统类型	
	复杂（Complicated）系统	复合（Complex）系统
典型示例是……	可重复的生产和施工工作	创意设计、开发和创新工作
该系统的工作是朝向……	已知的、稳定的输出	新兴的、不断变化的输出

续表

	系统类型	
	复杂（Complicated）系统	复合（Complex）系统
行为是……	很大程度上可预测和线性的——输入的微小变化会导致输出的微小、可预测的变化	很大程度上不可预测和非线性的——输入的微小变化会导致输出发生巨大的、不可预测的变化
降低风险最好是通过……	前期分析和详细规划	小试验、快速反馈和频繁修正
获取竞争优势是通过……	效率——用尽可能少的投入创造一个已知的产出	适应——不断寻求反馈并对新兴的产出进行修正
管理流程倾向于奖励……	遵守计划	价值传递
整体是……	部分之和——通过理解组成部分就能理解整体	部分之间许多相互作用的产物——只有观察整体才能理解整体
该系统包含……	很大程度上是已知的未知数	许多未知的未知数

1.3.4 模糊性（Ambiguity）

现在的我们拥有众多触手可及的信息，对现实的了解却比以往任何时候都少，这似乎与直觉相悖。现实可能很难理解，许多领导者感觉自己好像在迷雾中摸索。黑白分明的观点已经一去不复返了，取而代之的是灰色的、多视角的、不同的合理解释，以及原因和结果之间并不明确的联系。尽管有可用的信息，但其总体意思往往不清楚。模糊性（Ambiguity）常常与含糊不清（Vagueness）相混淆。模糊性为形势提供了许多具体的、合理的解释——有些是显而易见的，有些则不太明显。然而，当信息含糊不清时，我们就很难做出任何具体的解释。这使得决策变得极其困难。更多的信息并不代表就会有确定答案，还可能会有多个优选答案。

虽然模糊性的特征是当时无法形成一个准确的画面，但通常人们在事后可以比较清晰地观察到它的走向。这是由于当时对数据有多种解释而没有预测到重大事件，但该事件发生后，走向看起来就非常明显，以至于人们不明白为什么当初没有人发现。这种情况通常在大型恐怖袭击或金融危机时出现。数据如此之多，以至于我们很难提前看见整个森林（而不只是树木）。但一旦事件发生，人们就很想知道当初怎么就没有人“把数据点连接起来”。一旦这些数据点被连接起来，事情的发生就显而易见，但在此之前，这些数据点只是海量的看似没有关联的点。

构成 VUCA 的四个词实际上是极其密切相关的。将其中一个词与其他词分开是不可能的。复合性程度越高，运动的、相互关联的部分越多，易变性、不确定性和模糊性程度往往就越高。这里的关键是，领导者理解较高水平 VUCA 和较低水平 VUCA 的工作之间的区别至关重要。他们还必须能够识别团队正在做的工作的性质，并为该类型的工作选择有效的领导方法。这种情境方法可以显著提高领导的有效性。俗话说，如果你只有一把锤子，所有东西看上去都像钉子。今天的领导者需要一个完整的工具箱，他们需要知道在什么时候使用哪种工具。今天我们所做的大部分工作所涉及的 VUCA 水平比 20 世纪要高得多。商业环境发生了变化。领导者可能犯的最大错误是继续运用昨天的确定性思维来应对今天复合的、不可预测的挑战。

思考

你的组织有哪些 VUCA 的示例？有什么影响？是否有特别不确定和不可预测的一些领域？你预计这些领域在未来几年会有所发展吗？

1.4 现代组织：敏捷探索

信息时代的到来改变了一切。技术创新和管制放松导致进入壁垒急剧降低。突然之间，进入市场不再需要大量启动资金了。就此而言，现在整个行业的颠覆可能来自硅谷的车库或世界任何地方。这意味着现在产品、服务甚至知识很快就可以变成商品。由于客户通过单击一个按钮就可以转投你的竞争对手，因此必须通过提供新的、令人兴奋的产品和服务（解决他们现实问题的产品和服务）来反复吸引和赢得他们。这种超级竞争导致利润和收入不断减少。因此，仅仅拥有熟练利用你当前产品的能力将不会产生以前得到的结果。现代组织必须通过探索新的机会来取悦现有客户并吸引新客户，快速创新以保持领先地位，同时培养在危机发生前不断重塑自我的能力。

在食物难以获得的时代，人类为了生存进化为狩猎采集者。而现在（至少在西方）情况不再是这样——食物充足，运动是额外的可选项。大多数人坐在桌子后面，过着久坐不动的生活。正因为如此，我们的健康受到影响，一有机会我们就去消费食物的本能现在对我们并不是最好的。同样的事情也发生在商业社会中。许多大型实体企业的领导风格、文化、结构和流程都根植于工业革命，它们完美地适应了如今不复存在的环境。这意味着它们没有能力在现在这种新的商业环境中竞争——指具有高水平 VUCA、超级竞争以及必须不断创新、探索新机会和创造新知识的环境。

所有这一切都意味着创造性破坏之风比以往任何时候更加盛行。在 20 世纪 60 年代初期，商业组织在美国领先公司的标准普尔 500 指数中平均寿命是 61 年。到 2012 年，这个数字已经暴跌至仅 18 年（见图 1–3）。在 1955 年的财富 500 强公司的原始名单中，到 2017 年只剩下 60 家，仅占 12%。其余的公司已经消失，或者破产、被兼并或被收购，或者还存在但不再是财富 500 强。2016 年，埃森哲公司（Accenture）首席执行官皮埃尔·纳特姆（Pierre Nanterme）指出："数字化（digital）是自 2000 年以来超过一半的财富 500 强公司消失的主要原因。"这是不到 20 年间的惊人转变。按照这个流失率，当前标准普尔 500 指数中 75% 的公司到 2027 年将被取代。导致巨变的主要原因是组织对利用型工作的固有偏好。这种方式成功的时代留下了后遗症——组织发现自己只会最优化利用现有的产品。组织的设计意图倾向于抵制变化、缓慢走向新的机遇或远离生存的威胁。

当你朝着一个已知的产出努力时，效率是有效性的一个很好的指标。那么多的服装从头开始就是为了提高效率这一特征而设计的。当在如此快速变化和不可预测的环境中运营时，几乎不可能做出准确的预测。管理先驱彼得·德鲁克（Peter Drucker）曾说过：“没有什么比高效地做根本就不应该做的事情更无用的了。”今天，最大的挑战是如何知道你在做正确的事。获得竞争优势的是那些能够更快、更轻松、更低成本地应对任何即将到来的挑战的组织。始终致力于正确的事，无论它是什么——这是业务敏捷性的本质。考虑到这一点，领导者不应将他们的组织视为高效的机器，而应更多地将其视为由许多交互部分组成的复合生态系统，旨在适应环境。为了在这种新环境中生存和发展，他们每天都需要为曾经认为是理所当然就能获得的客户而竞争。这需要齐心协力，不仅要努力利用现有产品，还要掌握探索新产品、创造新知识以及将客户置于一切工作核心的艺术。就像双面罗马神雅努斯（Janus）一样，他们必须能够同时去往过去和未来。

思考

你的组织是否曾受益于稳定或动荡的环境？它主要针对哪些方面进行了优化？如果组织是受益于稳定环境，假设它被迫在一个完全不同的环境中运行，会发生什么？它有多容易适应？

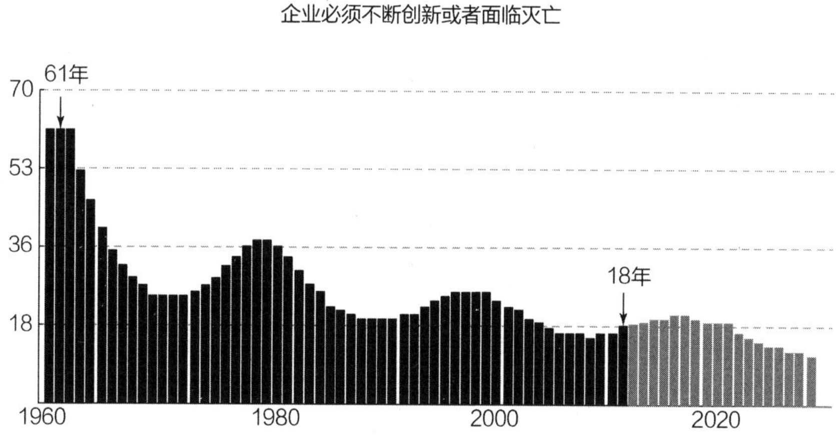

图 1–3　标准普尔 500 指数的平均公司寿命

本章小结

- 组织的两项基本活动：①利用其现有产品和服务；②探索新产品和服务。
- 在 20 世纪，组织主要通过聚焦于有效利用现有客户产品来取得成功。鉴于变化的速度相对较慢，它们通常可以在几十年内成功地做到这一点。
- 20 世纪后期，世界变得更加动荡和不可预测。今天，组织面临着更大程度的 VUCA——易变性、不确定性、复合性和模糊性。
- 技术进步、放松管制和程度更深的相互联系导致许多行业的进入门槛降低，加剧了组织之间的竞争。
- 今天，生存和繁荣不仅要靠有效的执行和利用。组织现在必须通过探索新事物、创新以及向客户传递前所未有的更大价值来保持平衡。这种活动聚焦的不是效率，而是敏捷性。

第 2 章
业务敏捷性介绍

上帝要谁灭亡，会先送他四十年的成功。

——亚里士多德（ARISTOTLE）

在本章中，我们将探究：

- 为什么范式转变需要很长时间才能被接受
- 敏捷运动的出现和演变
- 一些业务敏捷性行动的实例

2.1 打破现状：难以置信的毅力

1844 年，一位名叫伊格纳兹·塞麦尔维斯（Ignaz Semmelweis）的匈牙利人被任命为维也纳一家产科诊所的教授助理。当时，产褥热（也称为产褥感染）正折磨着整个欧洲的产科病房。虽然大多数妇女在家分娩，但因贫困或并发症而住院的妇女面临高达 25%~30% 的死亡率。关于致死性发烧的原因，从过度拥挤到通风不良有多种说法。

塞麦尔维斯在维也纳的医院有两家产科诊所。第一家诊所的死亡率是第二家诊所的 2.5 倍。两家诊所在其他方面几乎相同。唯一可观察到的区别是：第一家用于培训医学生，第二家用于培训助产士学生。经过大量调查，塞麦尔维斯得出结论：是那些同时负责解剖尸体的医学生正将死于产褥热的母亲的“尸体颗粒”转移到在分娩时由他们检查的健康患者身上。而第二个诊所的助产士学生在进产房前没有参与尸体解剖。

1847 年 5 月，他制定了一项政策，即在尸体解剖和检查之间使用氯化石灰洗手。结果第一家诊所的死亡率立即下降了 90%，从 18.27% 下降到了 1.27%。1848 年 3 月和 8 月，他的诊所没有一位妇女死于分娩。

人们推测塞麦尔维斯会因其挽救生命的工作而得到同行的认可，这似乎是理所当然的。然而，虽然他诊所的年轻医务人员在很大程度上支持他的理论，但他的理论被更广泛的医学界忽视、拒绝和嘲笑。塞麦尔维斯的结论与当时盛行的科学和医学观点不一致。职场政治使塞麦尔维斯被免职并被赶出维也纳。他退回到他的家乡布达佩斯。尽管他的祖国接受了他，但理论被拒绝对他的心理健康造成了影响。1865 年，他精神崩溃并被送进一家精神病院，14 天后他在那里去世。

比塞麦尔维斯事件再早约 200 年，13 岁的玛丽亚·西比拉·梅里安（Maria Sibylla Merian）开始收集和饲养昆虫。作为最早直接观察昆虫的博物学家之一，梅里安为它们绘制了详细的图画。当时是 1660 年，人们认为昆虫是“魔鬼之兽”，是通过被称为自发产生的过程“从泥土中诞生”的。梅里安收集了与这些理论相矛盾的证据，通过观察，她不仅捕捉到了研究对象的解剖结构，还捕捉到了它们的生命周期以及与其他生物的相互作用。她是第一个记载蝴蝶不是从泥土而是从毛毛虫中诞生的人。她接着描述了 186 种昆虫的生命周期。梅里安分别于 1679 年和 1683 年分两卷出版了她关于这些主题的著作。

由于多种原因，梅里安的工作在很大程度上被忽视了。在那个时代，女性想超越平常的家庭生活就会面临被监禁甚至被冠以传播巫术的罪名而被处决的风险。梅里安不能选择像与她处于同阶层的男性那样将所有时间都用在研究上。她没有接受过正规的科学训练，而自学的博物学家很少受到重视。因此，她被许多著名的男科学家解雇。此外，她那包含许多伟大新见解的两本书都是用德语写成的，而当时官方的科学语言仍然是拉丁语。所有这一切都意味着，虽然梅里安被认为是一位技艺精湛的艺术家和插画家，但她对科学的贡献在很大程度上被抹杀了。

前面的例子向我们说明了两件事。第一，任何机构都倾向于维护当时的传统智慧。那些从当前系统中受益的人通常对该系统的投资最多。

因此，他们倾向于抵制变革。第二，当处于系统边缘的人挑战现状时，如果激进的新观念是从那些不被期望有新的、突破性理论的人那里产生的，那么这些人和理论往往不被重视。这些创意可能被束之高阁、积满灰尘，被彻底遗忘，直到外部的观念最终追赶上来。具有讽刺意味的是，要取得巨大的进步，往往需要系统外的人来实现——具有不同看法的人，没有被主导范式的负担压垮的人，以及能够以不同的方式思考去改变范式的人。这就是局外人视角的力量。

很多时候，突破性的观念会遭遇所谓的信念固着（belief perseverance）。这是人类的一种本能，即尽管存在相反的可信证据仍然要坚持自己的信仰。事实上，试图提供证据来抨击某人的信念很可能会强化该信念。这就是所谓的逆火效应。物理学家马克斯·普朗克（Max Planck）指出："新科学真理的胜利，并不是因为说服了反对者并让他们看到光明，而是因为它的反对者最终会死去，而熟悉新真理的新一代人成长起来了。"这一点在日心说（即地球围绕太阳运转的理论）上表现得最为明显。该理论由萨摩斯（Samos）的阿里斯塔克斯（Aristarchus）在公元前三世纪提出，但直到1800年以后，尼古拉·哥白尼（Nicolaus Copernicus）才让其得到普及。当激进的新观念出现威胁到要改变当前范式时，这种顽固的坚持在商业中也是随处可见的。

> **思考**
>
> 当出现了强有力的反面证据时，你的组织是否仍会坚守某些信念？是否有既得利益导致某些人坚持现有信念？组织中是否存在有探索观念但处于系统边缘的人？如果是这样，这些人该如何融入组织？

2.2　敏捷性的三次浪潮：从17位软件工程师到董事会议室

我相信，当一群先驱者发起敏捷运动时，出现了与上述示例类似的模式。这些管理创新者是软件工程师。他们发现现状不能很好地为客户服务，需要新的工作方式。当时这群人被高管们认为是极客、技术人员，对管理方式基本一无所知。如果他们是著名商学院的教授，我相信敏捷运动的发展速度会比现在快得多。事实上，我们花了 20 年的时间才达到现在的水平，但现在世界似乎正意识到在如何处理知识工作方面需要进行范式转变。

敏捷运动最初由一小群主要面向内部的、专注于小团队的软件开发人员发起，如今世界上最大公司的 CEO 也参与其中并将业务敏捷作为其公司新的竞争优势。当然，敏捷运动的种子是之前由像威廉·爱德华兹·戴明（W.Edwards Deming）和大野泰一（Taiichi Ohno）这样的创新者播下的，他们都是丰田生产系统（Toyota Production System）的先驱，后来为精益运动提供了基础。之所以从我选的时间点开始算起，是因为它标志着正式敏捷运动的开始，要了解业务敏捷的未来，我们必须首先了解其先驱们试图解决的问题。

2.2.1 前敏捷时代：追逐瀑布模型

1970 年，一位名叫温斯顿·沃克·罗伊斯（Winston Walker Royce）的美国计算机科学家发表了一篇题为《管理大型软件系统开发》的论文。文中，他根据自己 9 年的经验阐述了他对管理大型软件开发的个人观点。通过概括一个如图 2–1 所示的线性过程，罗伊斯的想法是，如果预先花费足够的时间和精力来制订正确的计划以满足客户需求（要求），然后花费足够的时间来制订构建产品（设计）的最佳方式，那么实施和测试就会非常简单。构建客户不想要的产品和构建不符合预期的产品这两个主要风险，实际上通过大量的预先思考和计划就可以得到降低。

虽然这在理论上有意义，但最大的问题是它在实践中效果不佳，罗伊斯也知道这一点。正如前一章所讨论的，在一个 VUCA 水平很高的世界中，我们几乎不可能准确预测客户想要什么，以及应该如何构建复合系统。当系统很复杂并且在很大程度上稳定且可预测时（即 VUCA 水平较低），该方法可能会成功。然而，当一个系统变得复合、不稳定和不可预测时，它就会失败。再多的前期分析也不能让你了解有效执行所需要知道的所有知识。这些信息贯穿于工作的全过程，而不仅仅是在开始时。我们真正需要的是进行试验、快速接收反馈，然后根据该反馈纠偏的能力。简而言之，这是一个敏捷而不是效率的问题。

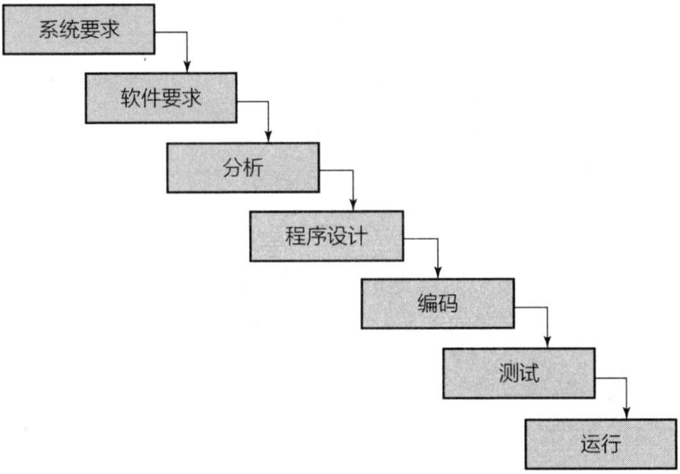

图 2-1　传统的软件开发过程

以企图有效利用的心态进行像软件开发这样的探索性工作注定要失败。罗伊斯本人告诫不要使用这种顺序模型，并在同一篇论文中指出："上述概念是有风险的，会导致失败。"相反，罗伊斯提倡采用迭代的方法，因为许多现象"无法精确分析"。迭代意味着多次执行该过程并对产生的反馈做出响应。虽然没有使用敏捷这个词，但他描述的是一种更敏捷的方法。

罗伊斯没有使用的另一个词是瀑布模型。这个用于描述顺序方法的词在他的论文发表后大约 5~10 年开始被使用。尽管从未使用过瀑布模型这个术语，并且强烈反对使用该方法，但罗伊斯仍然经常被称为瀑布模型之父。这是他的工作最不幸而且意外的结果。

许多人认为瀑布模型应用如此广泛的原因在于它的简单性。尽管有罗伊斯的警告，但因为瀑布模型很容易理解，乍一看似乎是严谨而规范的。正是这些因素导致美国国防部于1985年开发了相当平凡的DOD-STD-2167A军方标准，虽然在技术上允许迭代方法，但实际上严重偏向于瀑布模型。这种方法迅速传播到美国和世界其他地区的公共和私营部门，成了管理软件开发的事实上的标准，并围绕它构建了治理模型和组织设计。这给我们所有人的教训是：永远不要发表看似优雅但最终有缺陷的模型的照片。

2.2.2 敏捷浪潮第一波：团队敏捷

2001年2月11日至13日，17名软件工程师在犹他州（Utah）山区雪鸟滑雪场（Snowbird Ski Resort）的小屋举行了轻量级框架会议。他们的目标是寻求“文档驱动的、重量级软件开发过程的替代方案”。他们没有预见到在这两天内传递的几条信息会产生多大的影响。

长期以来，人们一致认为瀑布模型这种主要的软件开发方法通常是无效的。它可以适用于更简单的项目，但在应用于重要的软件工作时则面临许多挑战。它过于官僚化，对（不可避免的）变化反应不够，而且它意味着关于构建什么以及如何构建的重大决定必须在流程开始时就预先做出。然而，任何此类项目的开始阶段也是所掌握的信息水平最低的时候。瀑布模型对此别无选择，只能将关键风险推迟到过程的结尾（即测试时）。这是发现你的产品不合适的一种昂贵的方法，并导致大量返工。

这些挑战促使一小群人开始尝试不同的做法。他们创建了各种框架以更好地响应不断变化的客户需求，并且不是通过无休止的前期分析和计划来降低流程的风险，而是通过每1~4周交付一个产品的工作版本、快速征求客户反馈以及（至关重要地）根据该反馈进行修正来实现。这些框架包括迭代式增量软件开发过程Scrum和极限编程（XP）。软件工程师发现，在高VUCA的环境中进行复合的工作时，关键风险只能通过反馈和频繁的修正来减轻。与瀑布模型的重量级方法相反，这些框架被称为“轻量级”——因此召开了轻量级框架会议。令人惊讶的是，这些自称“组织无政府主义者”的软件工程师们在短短两天内，就成功地将他们的方法统一为四个价值宣言。这些内容概述如下。

人和互动胜过流程和工具。试想一组人一起研发一个产品。他们互相不甚交流且士气低下，互信、合作和交流更是无从说起，更别提团队精神了。再试想这群人如果拥有由一家项目管理咨询公司精心打造的最先进的工具和流程，所有文件都完美地保存在共享的企业驱动器上。这个团队会表现如何？如果他们从事简单的工作，可能就足够了。但如果他们从事创造性知识工作，答案很可能是糟糕的。这是因为在进行知识创造时，流程和工具固然重要，但团队精神、沟通、协作、信任、共同的责任感等诸多因素更为重要。软件开发、产品开发、价值创造、创新——这些都是人的问题。那些为高质量整合和团队精神创造条件的组织的表现明显优于竞争对手。史蒂夫·乔布斯（Steve Jobs）在精心设计皮克斯公司（Pixar）和苹果公司（Apple）总部的同时，不遗余力地最大化这些互动。然而，许多组织只把主要精力放在流程和工具上，因为它们更容易解决。虽然这些东西很重要，但它们绝不会产生同样好的结果。

工作版本胜过完备的文档。你从文档中获得的反馈远不及从产品的工作版本中获得的反馈质量——即使该产品是不完整的。获得一个工作版本，即使它只是一个原型，也可以引发各种原本不会发生的反馈。这就相当于，要对蛋糕食谱提供反馈，需要品尝蛋糕而不是阅读配料表。文档可能仍然是必要的，但它不如能为客户提供有真正价值的产品重要。

客户合作胜过合同谈判。从来没有人告诉我，他们的新产品或服务成功的关键原因是他们签订的合同。当你预先了解足够的信息以将正确的内容写进合同时，合同就很有价值——像建筑项目一样。在缺乏这种能力的情况下，当工作更具创造性和探索性时，合同很容易阻碍学习和改变，从而导致劣质的产品。但是，与客户密切合作可以频繁收集反馈，从而让你朝着解决客户实际问题的方向前进。

响应变化胜过遵循计划。公认的前世界重量级拳击冠军“铁人”迈克·泰森（Mike Tyson）曾说：“每个人都有一个计划，直到脸上挨了一拳。”这种富有洞察力的观点来源于德怀特·D. 艾森豪威尔（Dwight D. Eisenhower）总统，他在谈到其军事经历时指出：“在准备战斗的时候我总是发现计划是毫无用处的，但是计划过程是不可或缺的。”无独有偶，19 世纪普鲁士陆军元帅赫尔穆特·冯·莫尔特克（Helmuth von Moltke）也说过：“任何作战计划在遭遇敌人后都会失效。”这些名言都源于相同的基本世界观。这种观点指出，当我们所处的环境以我们无法预测的方式不断变化时，制订计划固然很好，但根据新信息不断重新计划的能力至关重要。如果一个计划不起作用，继续执行它就没有什么意义了。价值大得多的是响应变化和制定新计划——找到更好的计划，一个更有可能产生预期结果的计划。在《神秘海域：如何绘制未来》一书中，玛格丽特·赫弗南（Margaret Heffernan）不再提“计划”的概念，而是给出一个“准备”的概念。即今天就做明天可能需要的一切而不是遵循一个既定的计划。同时她劝我们，如果我们想有更好的机会获得我们想要的未来，就要抵制效率的虚假承诺。

刚刚讨论的四个价值宣言最初是作为软件开发变革的宣言发布的。由于敏捷这个词更简明地抓住了这些框架的本质，这个宣言最终被命名为《敏捷软件开发宣言》（*Manifesto for Agile Software Development*）并作为小团队与客户密切合作的一种方式而诞生了。即使被确定为有价值的项目随着时间的推移而不断演变，且最终解决方案看起来和一开始预期的非常不同，但这种工作方式可以确保组织始终在处理最有价值的项目。这种想法是，曲折地寻找一个好的解决方案比直接转向一个一般或糟糕的解决方案要好。

2.2.3 敏捷浪潮第二波：规模化敏捷

“规模化敏捷”运动是对敏捷运动成功的响应。组织很快注意到，一种更具适应性和响应性的软件交付工作方式可以提高效率和业务成果。但随着大型组织对敏捷运动的推进，在多个团队中应用敏捷性的必要性很快显现出来。有些产品太大、太复杂，无法由一个团队解决。因此，围绕着如何将单个团队的努力取得成功的价值观和原则应用于团队中的团队模式开始出现。这带来了一系列前所未有的全新挑战。2008 年，有影响力的《扩展精益和敏捷开发》一书出版，产生了大量所谓的大规模框架，为如何实现大规模敏捷提供了指导。虽然我很有热情讨论哪种方法更好，但在这里我不再展开，而要接着谈谈敏捷浪潮的第三波——真正让我兴奋的一幕。正是这一幕将敏捷性的概念扩展到远超出了软件开发和信息技术领域，并将其应用于整个组织。

2.2.4 敏捷浪潮第三波：业务敏捷

虽然敏捷运动为许多组织、在其中工作的人员以及他们的客户提供了巨大的价值，但到目前为止它的影响还比较有限。我相信，凭借业务敏捷性，敏捷运动将最终实现其潜力。在汲取这 17 位先驱创造的精髓后，敏捷运动的影响将从软件开发工具箱进入涉及管理层的董事会。正如我们所看到的，随着 VUCA 的兴起，做出前期预测和详细的三到五年计划，以及将所有注意力集中在利用已知产品和服务上是一种冒险的策略。响应能力、试验能力和对客户的不懈关注，这些品质曾经是敏捷软件开发成功的基础，现在也将成为整个公司成功的基础。这就是业务敏捷性，也是新的竞争优势。

思考

你的组织是否寻求在任何层面上应用敏捷的工作方式？如果是，那么是在团队、项目还是组织层面呢？是否需要实现更高层面的敏捷性？

2.3 业务敏捷性：历史上的警示故事

很久以前，两吨重的袋熊在澳大利亚内陆地区跋涉。与此同时，人们还可以找到在各大洲自由行走的猛犸象和剑齿虎。在此之前，巨大的恐龙是地球上的统治者。随着时间的推移，这些占统治地位的物种似乎有更大的进化趋势。这应该不足为奇。更大的动物可以占领更多的土地，以便寻找资源、捕捉猎物并压制其他捕食者。所有这些都是物种生存的关键。

那么你可能会认为，随着时间的推移物种会继续缓慢增长，地球也仍旧主要由巨型生物居住。事实并非如此，因为有一种相反的力量在起作用，导致许多有史以来在地球上行走的最大、最雄伟的生物灭绝。在许多情况下，那些填补了它们留下的空隙的动物只有它们体型大小的几分之一。

乍一看，这似乎毫无意义，直到我们开始仔细调查大灭绝。有很多以牙齿、骨骼和其他化石形式的确凿证据表明恐龙统治了地球 2.6 亿年。然后，从大约 6 600 万年前开始，在地球的岩石层中再也找不到它们的踪迹。就好像除了鸟类恐龙以外的所有恐龙都从地球上消失了。同它们一起消失的是许多海洋和飞行爬行动物。总的来说，地球上大约四分之三的生命由此彻底消亡了。普遍被接受的观点是，一颗山峰大小的流星在墨西哥湾附近撞击地球，引发了一连串灾难性的事件，导致恐龙灭绝。这被称为白垩纪—古近纪灭绝事件。

有趣的发现是，许多小型哺乳动物和鸟类在这一时期幸存下来。看来，至少在自然界中，体型大小很重要。虽然进化倾向于对较大的动物有利，但灭绝倾向于给较小的动物一个机会。简而言之，体型越大就越容易在自然界中生存，但在栖息地发生任何剧烈变化时，它们生存起来就困难得多。较小的生物通过食腐和快速繁殖的能力生存，而较大的生物则在漫长的妊娠和断奶期、种群数量较少和无法快速适应环境中挣扎。似乎正是这些有助于大型动物进化成功的特征导致了它们的脆弱性和最终的毁灭。

从历史上看，组织规模在商业中也很重要。在 20 世纪，规模经济和效率意味着市场青睐更大的组织。就像刚才提到的大型掠夺者一样，随着时间的推移，这些组织变得越来越大、越来越成功，直到情况发生巨大变化。虽然不如白垩纪—古近纪灭绝事件那么戏剧化，但 21 世纪的商业巨变在某种程度上具有同样的破坏性。想想大型计算机、个人计算机和互联网冒出萌芽时带来的变化。再加上 VUCA 的急剧增加，商业前景似乎变得无法识别。大型组织的地位开始变得越来越不稳定。在这种情况下，规模更小、更灵活的组织往往更具适应性，进而成长为新的主导者。它们会一直占据主导地位，直到商业环境再次发生变化。然后，就像 6 600 万年前的霸王龙一样，它们发现自己完全适应了一个将不再存在的环境，并迅速退化。因此，这种更迭的模式会重演。

为了说明业务敏捷性的力量以及缺乏敏捷性的危险，我将详细介绍两个历史上著名的商业案例。

2.3.1 奈飞公司（Netflix）与百视达公司（Blockbuster）

当里德·黑斯廷斯（Reed Hastings）将《阿波罗 13 号》的录像带逾期归还给百视达租赁公司时，他被罚款 40 美元的滞纳金。多少受到这件事的刺激，黑斯廷斯和他的同事马克·伦道夫（Marc Randolph）于 1997 年创立了奈飞公司。奈飞有一个卑微的开始，旨在获取那些希望通过邮件而不是零售店接收和归还 DVD 的小部分租赁用户市场。它实际上是一家推出了 900 个内容视频库的邮购公司。到 2000 年初，这一数字已增至 5 200 个。

奈飞公司的第一个创新集中在其商业模式上。奈飞最初收取每张 DVD 租赁费 50 美分，后改用订阅模式，收费为 15.95 美元，允许每次租赁 4 部电影。2000 年，价格上涨至 19.95 美元，取消了滞纳金和归还日期。当时，该公司的年收入略高于 100 万美元——但该订阅模式将公司的年收入在 5 年内提升至 5 亿美元，又过了 3 年这一数字达到了 10 亿美元。

同年，该行业的市场领导者百视达公司的收入为 50 亿美元，其中约 8 亿美元（16%）来自滞纳金。这家公司一年前的 IPO 估值为 26.3 亿美元，处于行业优势地位。在短短两年内，新任 CEO 约翰·安蒂奥科（John Antioco）就扭转了这家曾一度陷入困境的巨头的颓势。他的策略是继续利用其商业模式来降低成本并提高服务效率，从而从客户群中获取最大利润。

考虑到这一点，黑斯廷斯建议奈飞和百视达联手。他提出了一项计划，由奈飞运营在线业务，而百视达的管理团队则专注于实体商店。在拒绝这一提议时，安蒂奥科对奈飞的未来做出的不屑评价可能是不假思索的："对互联网公司威力的鼓吹完全被夸大了。"就在那时，话题转向了百视达收购奈飞。然而，当 5 000 万美元的报价在安蒂奥科面前一提出，谈话就结束了。他认为百视达有一个成功的商业模式，没有必要对其未来进行投资或做出太大改变。

然而，到了2004年，安蒂奥科已经意识到奈飞确实是一个威胁。作为回应，他提议取消滞纳金（公司每年损失2亿美元）并投资百视达的在线业务（最初成本为2亿美元），寄希望于在利用当前商业模式和探索新商业模式之间取得平衡。他的一名助理吉姆·凯斯（Jim Keyes）提出反对。最终，这一切都在2005年结束了，安蒂奥科在百视达的首席执行官职务被撤销并由凯斯接任，后者全盘否定了安蒂奥科为提高盈利能力所做的改变。在凯斯看来，当时百视达的商业模式很稳健，他根本没有理解投资4亿美元的逻辑。2008年，当被问及百视达面临的最大威胁时，凯斯给出了这样的回答："就竞争而言，红盒子（RedBox）和奈飞甚至都不在我们的关注范围之内。"但是，仅在两年后，百视达就申请破产了。

在接下来的6年里，奈飞继续着其订阅模式路线，并扩充了其邮购DVD租赁业务。到2006年，它拥有630万用户，7年复合增长率为79%，利润为8 000万美元。它得益于其网站的逐步改进措施，其中包括一种排名算法Cinematch。这个算法可根据用户观看历史提供个性化的影片建议。这一切都有助于提供卓越的用户体验。

事实证明，2007年对奈飞来说意义重大。尽管业绩有大幅的增长和久经考验的商业模式，但它仍做了一些冒险的尝试。在接下来的几年里，它将颠覆、更迭自己的商业模式。

2007年，奈飞向数据中心投资了4 000万美元，并授权了几部可以按需观看的电影，表明它在探索新机遇的同时继续追求传统业务增长。很快更多的视频内容就出现了。这些内容最初是免费包含在订阅项目中的，如果购买更昂贵的订阅则可以访问更多内容。这项举措使其增长超出预期，股价从2007年的3美元上涨到2011年的42美元。然后，奈飞出人意料地创造了一个两级订阅模式。一级用于邮购DVD出租，另一级价格低得多，仅用于流媒体播放。然而，到当年12月，市场开始变得不乐观：奈飞的股价低于10美元，利润下降了50%。

然后有趣的事情发生了。较低的流媒体价格意味着奈飞开始吸引更广泛的客户群。这增加了订阅者数量，并使公司能够购买更多的内容、向全球扩张并最终开始提供原创内容。在本书撰写之时，奈飞在美国190个县拥有1.58亿付费用户。其中只有273万人订阅了其传统DVD租赁服务。其股价为315美元，市值为1 380亿美元。

如果奈飞继续只专注于其当时增长迅速且利润越来越高的核心业务，那么它现在很可能已经消失了，被YouTube之类的公司打败了。相反，它决定投资一种可能完全破坏其当时核心商业模式的模式，从而重塑娱乐业。22年来，奈飞已经从一家邮购DVD公司变成了一家在线流媒体公司，再到原创内容的创作者。正是这种对利用和探索的双重关注，加上愿意更迭自己的产品、服务和模式，以及对不断变化的世界的快速响应，才是业务敏捷性的标志。

2.3.2 富士胶片公司（Fujifilm）与柯达公司（Kodak）

柯达公司于1888年由乔治·伊士曼（George Eastman）和亨利·斯特朗（Henry Strong）在纽约罗切斯特成立。作为一个坚持不懈的创新者，柯达以其开创性的技术而闻名，它的第一个口号是“你只需按一下按钮，剩下的事就交给我们”。柯达成功地推行了剃须刀和刀片战略，即以相对便宜的价格出售主产品（这里指相机），以便从其互补产品（这里指胶片、化学品和纸张）中赚取大量利润。从那一刻起，钱就开始滚滚而来，柯达迅速成为美国的市场领导者。这种主导地位持续了数十年，到1976年，该公司占据了胶片市场90%和相机市场85%的份额。

虽然柯达在美国几乎处于垄断地位，但另一家公司在其本土日本也处于类似的优势地位。为响应政府建立国内胶片制造业的计划，成立于1934年的富士胶片公司在广泛的摄影领域迅速发展专业技术。正是这种技术专长让富士胶片公司能够与柯达公司展开竞争。彩色胶片的制造过程特别复杂。柯达前副总裁威利·史（Willy Shih）回忆说，胶片“必须涂上多达24层复杂的化学物质：光敏剂、染料、成色剂和其他以精确厚度同时以每分钟300英尺的速度迅速沉积的材料”。所需的技术复杂性意味着很少有公司能够掌握其制造过程，而且在过去的几十年里，彩色胶片业务一直由柯达公司和富士胶片公司的双头垄断主导。

在一个进入壁垒高、竞争极少、利润高的世界里，组织很容易陷入纯粹的剥削模式——一种缺乏想象力的领导模式和自满模式，一种寻求通过建造护城河和收回吊桥来保护自己地位的战略。这种方法起作用的时候一切都很好，但迟早创造性破坏之风将开始袭击哪怕是看起来最无懈可击的城堡。这正是 21 世纪初这种特殊的双头垄断所经历的。然而，这颗种子是由柯达自己的工程师在大约 25 年前播下的。

1975 年，24 岁的柯达工程师史蒂夫·萨森（Steve Sasson）发明了世界上第一台数码相机。相机重 8 磅[①]，用了 23 秒拍摄了一张 1 万像素的黑白照片。萨森的老板最初对这项技术不屑一顾，认为没有人愿意在电视上观看他们的照片。然而，他们也意识到，他们最初所说的“无胶片摄影”对利润丰厚的胶片业务和后期处理业务构成威胁。为了避免之前盈利的商业模式被更迭，他们在追求新技术方面行动迟缓，而选择专注于模拟摄影这一核心业务。事实上，直到 2000 年，胶片销售仍占柯达收入的 72% 和利润的 66%，而富士胶片的占比分别为 60% 和 66%。2001 年，胶片销售达到峰值，然后迅速开始下降，需求同比下降 30%。到 2010 年，全球需求量还不到 10 年前的 10%。

摄影市场并非消失了，人们仍然非常喜欢拍照，只是转向了数码摄影。柯达和富士胶片的问题在于，与生产彩色胶片的复杂过程相比，生产数码相机和提供存储照片所需的内存相对容易。进入壁垒（也就是保护其丰厚利润率的护城河）不再能提供它们曾经提供的保护。柯达和富士胶片的核心商业模式已经过时，销售数码相机的业务根本无法弥补亏损。正因为如此，2006 年，时任柯达 CEO 的安东尼奥·佩雷斯（Antonio Pérez）愤愤不平地称数码相机为“糟糕的业务”。

30 年来，威胁一直在逼近，但现在柯达和富士胶片比以往任何时候都无法保证自己的生存。是其中一家公司能够迅速适应环境，还是它们都会像之前的许多顶级掠食者一样，步剑齿虎的后尘？

---

① 磅：英制重量单位，1 磅约等于 0.45 千克。

事实上，两家公司自己都在一定程度上预测到了数码摄影的兴起。问题是如何以一种能够提前创造新的收入流和商业模式的方式应对威胁。生存的关键是多元化——探索新的方式来利用他们的技术专长，以新产品和服务进入新市场。

柯达确实尝试将自己重塑为一家数字公司。早在 20 世纪 80 年代中期，它就将研发预算增加到了销售额的 10%，并迅速开始以照片增强软件、视频系统和扫描仪的形式将数字功能集成到其产品线中。到 1996 年，它发布了第一台专业级傻瓜数码相机。到 2005 年，柯达已成为美国本土市场上数码相机的市场领导者。尽管如此，柯达的高管们还是无法想象一个没有胶片的摄影世界，并且他们担心新技术只能带来低利润率。这导致他们行动太慢，并继续主要专注于胶片处理。

1990 年，在与时任微软（Microsoft）CEO 的比尔 · 盖茨讨论柯达产品与 Windows 之间更紧密整合的会议期间，柯达董事长凯 · 惠特莫尔（Kay Whitmore）睡着了。他在 1993 年被解雇。

21 世纪的第一个 10 年标志着柯达经历了漫长而痛苦的衰退，曾经天价的收入和利润崩溃了。它最终在 2012 年申请破产。

在同一时期，用户对富士胶片核心产品和服务——彩色印刷处理的需求同样急剧下降。直到 2000 年，富士胶片仍认为对胶片的需求会出现 15~20 年的缓慢下降，在这段时间里它可以在寻求创新和多元化的同时继续收割现金流。它没有考虑到易变性是 21 世纪的标志。不幸的是，对富士胶片来说，市场的变化比任何人预测的都要快，在之后的 10 年内，胶片从占公司收入的 60% 变成了实际上的零。富士胶片总裁回忆说："我们在预测中不能解释的是数字冲击的速度。摄影胶片市场的萎缩速度比我们预期的要快得多。"

尽管摄影胶片收入出现了大幅下滑，富士胶片在此期间的收入仍增长了 57%，而柯达则下降了 48%。这是非常了不起的，而且是通过多元化实现的。富士胶片的研发部门花了大约 18 个月的时间来审核公司能力并将其定位于新市场。结果是，领导层清楚地认识到，富士胶片的专业技术可以相对轻松地应用于化妆品、药品和其他类型的产品。利用这些技术，公司能够在适当的时候投资 LCD 屏幕市场。富士胶片的工程师们能够创造出偏光片保护膜（FUJITAC），这是一种为电视、计算机和智能手机制造液晶面板的先进方法，可以让背光源的光线直接穿透屏幕。作为世界上少数具备这种能力的薄膜之一，富士胶片在 LCD 偏光片保护膜的市场份额约为 70%。

进军化妆品领域的路径并不那么直观。表面上看，胶片冲洗和护肤几乎没有共同之处。将两者联系起来的是胶原蛋白。明胶是一种煮熟的胶原蛋白，是薄膜的主要成分。胶原蛋白也恰好占人体皮肤的 70%。富士胶片在防止氧化方面拥有深厚的专业技术，氧化过程会导致照片褪色和皮肤老化。2007 年，富士胶片推出了艾诗缇（Astalift）系列护肤品。进入药品和化学品业务的类似举措打破了富士胶片对其先前收入来源的依赖，并使其收入在可能波动的时期飙升。投资于寻找新的产品、服务和商业模式的能力最终使富士胶片能够随着周围世界的变化而迅速发展——这是柯达想做却无法做到的。截至 2020 年 1 月，富士胶片的市值超过了 210 亿美元。

思考

哪些市场或技术趋势可能会颠覆你的主要商业模式？如果发生颠覆，你能多快做出反应？寻求新产品和服务可能需要哪些新能力？

2.4 没有一成不变：颠覆自己

这些故事（还有许多类似的故事）的一个共同主题是最成功和最持久的组织不仅愿意寻找新机会，而且愿意打破自己的商业模式。蚕食并更迭自己的销售额组成可能是一个艰难的决定，但正如柯达、百视达和无数其他公司所证明的那样，不这样做可能会导致曾经伟大的企业倒闭。苹果联合创始人史蒂夫·乔布斯是这样说的："如果你不蚕食自己，别人就会。"

乔布斯有机会实践他在2007年所宣扬的东西。当苹果推出iPhone时，乔布斯非常清楚它很可能会扼杀iPod。鉴于前一年iPod占苹果公司收入的50%，这是一个大胆的举动。2014年，iPod Classic停产，而苹果成为了全球市值最高的公司。苹果公司甚至在不需要的时候就不断革新，从而保持了领先地位，而它的竞争对手难以做出回应。

本章小结

- 由于传统商业实践在商业中根深蒂固，许多现代方法直到现在还没有被认真对待，尤其是当它们出现在边缘地带时。
- 虽然敏捷运动最初是作为一种用单个团队构建软件的有效方法，但其背后的价值观和原则已经演变为适用于整个商业组织。
- 业务敏捷性作为组织创新和快速适应瞬息万变的世界的一种手段，已成为新的竞争优势。

| 第 3 章 |

业务敏捷性的 6 个促进因素

我发现关键是敏捷、敏捷、敏捷。我们需要提高速度、敏捷性和运动能力，才能获得正确的消费者体验。

——萨提亚·纳德拉（SATYA NADELLA），微软首席执行官

在本章中，我们将探究：

- 为什么如此多的敏捷转型尝试都失败了
- 为什么在寻求更高的敏捷性时必须关注整个组织
- 业务敏捷性模型的 6 个促进因素以及每个促进因素如何助力改善业务成果

3.1 为什么敏捷计划会失败：狭窄的关注点

以往，大多数大规模变革举措都失败了。事实上，全球战略咨询公司麦肯锡（McKinsey）进行的研究表明，70% 的变革举措未能实现其既定目标。造成这种情况的原因有很多，我将在第 10 章中讨论。10 多年来，我看到了不同程度的成功，当然也有失败。我的直觉告诉我，基于敏捷性的变革计划失败率高于 70%。除了变革计划失败的常见原因外，我认为还有一些原因是这类变革特有的，总是被变革领导者疏忽的一些原因。这些原因在我与组织合作的这些年里日益凸显。这是一个关于范围和关注点的问题。

为了说明这一点，让我们前往二战期间位于太平洋西南部的美拉尼西亚群岛。这些岛屿与西方世界隔绝，岛上的土著居民从未见过外国人，更不用说制成品了。随着太平洋成为盟军与日本之间战争的主要战场，这些岛民的生活被彻底改变了。成千上万的军队开始登陆这些岛屿——首先是日本，后来是盟军。大量物资被运到岛上。帐篷、衣服、武器、药品和罐头食品都是通过临时机场跑道空运投送的。运送的数量如此之多，以至于部队最后经常分享给充当向导的当地人。

战争期间，岛民开始依赖这种货物，这改变了他们的生活方式。当战争在 1945 年突然结束时，入岛的物资流也突然停止。随着空军基地被废弃，货物不再运送。岛上的“货物崇拜者”希望鼓励运送这些在战争期间极大地丰富了他们生活的西方货物。他们通过仪式性地模仿外国军人的行为，希望货物能够再回来。“货物崇拜者”经常清理宝贵的耕地以建造临时着陆带。他们建造了木制控制塔，用木头和椰子雕刻了耳机，甚至用稻草制作了飞机的全尺寸复制品。然后，狂热的信徒们会在这些宗教建筑里值守，甚至点燃篝火，花费数小时指挥不存在的空中交通。简而言之，他们再现了他们在战争期间亲眼看见的美国军队的行为——他们错误地认为这些行为负责运送货物。当然，他们并不了解全局。

这种形式的交感巫术通常涉及模仿他人的行为以达到预期的结果——在本例中是运送大量生产的西方货物。可以预见的是，岛民的行为并没有带来货物的出现。

要理解这与业务变革的关联并不困难。在全球范围内，我看到同样的事情发生在“敏捷转型”活动中。越来越多的组织试图在没有获得实际敏捷性的情况下变得更加敏捷。在这种情况下，关注点主要是实施与敏捷运动相关的许多实践，组织的领导者可能已经在更灵活、更创新的机构中看到了这些实践。这些领导者甚至可能通过一些培训来支持其中的部分实践，然后期望这些团队级别的工作实践足以带来想要的结果。毕竟，他们在那个更创新、更灵活的初创公司中似乎就是这样做的。

这是“事后归因”（post hoc，ergo propter hoc）逻辑谬误的一个很好的例子。例如，当一个人在梯子下行走后遇到厄运，而观察者错误地断定厄运是由在梯子下行走引起的。事实上，不幸只是发生在那个特定事件之后，两者之间没有任何因果关系。同样，这家令人羡慕的初创公司的结局与团队层面的实践几乎没有关系，而与各种其他事情有很大关系。不可避免地，当非敏捷组织没有看到采用此类实践的好处时，它们就会对敏捷概念本身感到失望。有人窃窃私语："我们尝试了敏捷性，但它在这里并不起作用。"很快，转型就失去了动力。但是，无论使用何种术语，敏捷性真的在那里不起作用吗？还是这些实践者像美拉尼西亚的岛民一样，根本没有看到全局？

在过去几年中我已经参与了无数的敏捷转型，我发现失败的原因变得越来越明显。管理导师和顾问只专注于整个难题的一个小方面——工作实践，而往往在不知不觉中忽略了业务的许多重要方面。这些方面要么是成功的关键促进因素，要么是成功的障碍。如果这些方面没有得到重点关注，那么显著改善的机会基本为零。

例如，有这样一辆优质、坚固、可靠的家庭运动型多用途汽车（SUV）。这辆车是为满足家庭生活的需要而设计的，它很舒适，并且具有出色的安全性能和充足的空间。现在想象一下，你报名参加了一场公路比赛，要穿越意大利北部阿尔卑斯山靠近瑞士边境的斯泰尔维奥山口（Stelvio Pass）。这个传奇的山口位于海拔 9 045 英尺[①]且包含 60 个急转弯道，经常被看作是对驾驶员和座驾的终极考验。在这场比赛中驾驶 SUV 有意义吗？我猜你想驾驶的是红色的运动型跑车，因为实际上尝试驾驶 SUV 这种车是非常愚蠢的。即使做了表面上的改变，例如换上新轮胎并调整驾驶技术，这辆车也不是被设计出来跑比赛的，因此它永远不会给你想要的结果。要想参赛，人们需要从头开始为该环境专门设计车辆。只有从根本上重新考虑车的设计，你才有可能获得真正想要的性能，以及一些令人惊叹的结果。

不幸的是，这种在边缘修修补补的方法正是许多组织用来提高敏捷性的方式。它们在很大程度上以肤浅和非破坏性的方式模仿那些成功的组织，同时避开实际上会带来巨大成果的更大程度、更根本的变革。这

① 英尺：英制距离单位。1 英尺约合 0.3048 米。

被称为“形式敏捷”（doing agile）而不是“内化敏捷”（being agile）。前者肤浅，注重实践；后者深入，侧重于价值观和原则。

就像货物崇拜一样，仅靠实践并不能带来成功。为此，必须找出组织问题的根本原因。

> **思考**
>
> 你的转型是否主要侧重于工作实践？如果是这样，组织的哪些方面可能会阻碍更大的成功？

3.2 谈谈业务敏捷性的 6 个促进因素：6 位一体

为什么老牌的数码摄影公司没有创建照片墙（Instagram）？为什么老牌的出租车公司没有创建优步（Uber）？为什么老牌的音乐公司没有创建 iTunes？并不是因为这些组织中的人没有好的创意，他们有。我认为这是因为这些组织并不是为了令人兴奋的创新而设计的，即使其员工有这样的创意。组织的财务部门并不是为投资具有高度不确定性和可质疑的投资回报的方案而设立的。组织的领导力和文化使得其员工不太可能将失败视为成功的必要基石。这些组织往往围绕着利用型活动设置的职能筒仓（Silos）[①] 而设计。它们旨在高效地执行，而不是敏捷地探索，后者意味着所有混乱的协作和不确定性。因此，它们发现创造新事物极其困难，并且在边缘进行再多的修补都无法改变这一点。

10 多年前，我开始指导开发软件产品的团队。这是一个重要的角色，能帮助团队提高效率，创造更好的产品，并以更快地响应不断变化的客户需求来提高运营的敏捷性，这让我非常满意。

然而，随着岁月的流逝，我变得越来越沮丧。因为我发现，在频繁

---

① 筒仓原指贮存散装物料的仓库。企业筒仓结构是指企业内部以部门划分职责，虽然同在一个公司，但不同部门之间就像独立的筒仓，缺少交流、共享信息甚至合作。这种组织结构最致命的问题就是它会放缓企业创新的步伐，阻碍增长。

思考（一种常见的敏捷实践）如何在未来更有效的期间，需要改进的方面越来越超出我们的控制范围。成为更有效团队的障碍不再停留于团队层面。我们遇到了我所说的组织障碍——阻碍团队变得更有效和更敏捷的结构性挑战。继续在团队层面进行优化就好比是调整跑车的引擎，希望它在堵车、无法移动时能跑得更快。在这种情况下，让汽车本身更快无济于事，因为汽车不是限制因素。为了使汽车行驶得更快，需要移除挡路的东西，这才能让已经很快的汽车更快地行驶。

团队遇到的这类组织障碍的一个例子是团队结构。这是指由于无法打破组织筒仓，真正的跨职能团队无法形成，导致团队缺乏关键技能，跨职能的协作也很少。这就是使一切效率下降的因素。另一个障碍是无法响应客户的现场反馈，因为服务范围已预先签订且无法更改。因此，当一个人在高度不确定的环境中工作并收到持续的反馈时，治理流程不允许他采取纠正偏差的行动。像这样的挑战往往需要很长时间才能解决，而解决方案几乎总是由高层推动的。

在花时间为组织提供关于如何更有效地工作和创新的建议后，我已经能够准确地观察到组建一支优秀的团队并创造出令客户满意的优秀产品所需的条件。当我开始从团队层面的实践指导转向与领导层合作进行更大规模的敏捷转型时，我开始考虑组织要实现真正的敏捷性所需要解决的所有方面，所有需要被带进参与变革过程的方面，所有阻碍那些坚持 20 世纪商业思想的组织进行变革的方面。

事实证明，实现真正的业务敏捷性几乎对组织的所有部门都有影响。然而，许多着手进行敏捷转型的人对成功所必须付出的努力都没有充分的认识。将变革限制在一个部门（通常是 IT 部门）是远远不够的，我希望让人们深入了解他们的组织中哪些方面必须经历重大变革才能实现更大的敏捷性。我希望这本书能帮助领导者头脑清醒地投入这些努力中，真正意识到所有必要的变革。

我思考了一段时间的问题是，如何以一种连贯的方式将这些方面组合在一起，且既能明确变革的规模，又能提供一个工作事项的结构。我在这里概述的分组并不是在实验室中想象出来的。这不是学术活动。我在这里列出的是数十次迭代、多年试验、持续反馈和大量调整的结果。这个模型是在实战中开发的，已被无数实例证明是非常有价值的。它涵盖了为了在实现业务敏捷性方面取得重大进展所需要解决的所有主要方面。虽然其他人可能会做一些不同的划分，但我选择将促进因素分组如下（见图 3–1）：

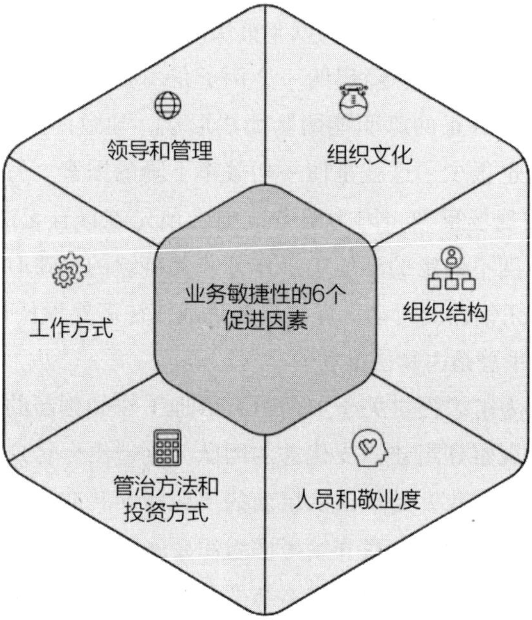

图 3–1　业务敏捷性的 6 个促进因素

- 领导和管理
- 组织文化
- 组织结构
- 人员和敬业度
- 治理方法和投资方式
- 工作方式

根据我的经验，在敏捷转型期间，除了最后一个促进因素——工作方式之外，其他所有因素都在很大程度上被忽视了。这就是为什么无论人们如何定义成功，转型成功率都依然低得让人难以接受。

我承认将促进因素分开讨论有些武断。人们不能孤立地强调任何促进因素。它们之间是高度关联的，每个促进因素都会影响所有其他促进因素。我进行这样的划分主要是为了提高人们对引领转型时应该关注的事项的意识，确保组织头脑清醒地开始这场变革，而不是通过简单的方式（如仅仅通过模仿最近流行的初创公司的做法）来求得成果。我也承认，在对 6 个促进因素中的每一个进行改变之前，必须先进行许多关键的思维转变。现在，让我们简要探讨每一个促进因素。

3.2.1 领导和管理

我经常听到有人说领导者应该支持或“深信”敏捷转型活动。对此我不同意。我参与了许多由最高领导者支持变革的转型活动——结果证明那是他们最后一次参与。深信变革是不够的。根据我的经验，变革真正需要的不仅仅是支持性的言语，更需要由领导层积极推动。领导者本身需要在他们的角色中经历深度学习和成长。他们需要改革他们的领导方式，并学习新的认知和情感能力以便在整个组织（或部门）中培养一套完全不同的行为。一切都始于领导层。

与传统的组织领导相比，真正敏捷组织的领导和管理在很多方面都会发生巨变，包括从指令性领导到支持性领导，从集中决策到分散决策，以及从专注于工作转向专注于方向和创造成功所需环境。这不仅是通过语言来实现的，还通过鼓励变革发生的新行为、结构和政策来实现。这类变化是不可能会自下而上地驱动的。第 4 章将更详细地探讨领导和管理。

3.2.2 组织文化

在第 13 版年度敏捷状态报告（2019 年）中，采用和扩展敏捷性的头号挑战再次被认为是“与敏捷价值观不一致的组织文化”。这是 52% 的受访者的首选。文化不匹配一直是提高敏捷性的最大阻碍因素。对此，许多人会强调组织文化的重要性，但很少有人会采用结构化的方法来评估和转变这种文化。对于评估，我的建议是：第一步要了解组织当前的文化和期望实现的文化究竟是怎样的。有许多框架可用于评估这一点，我将在本书后面探讨其中的一些框架。一旦完成这一步，就会发现期望的文化要么能与实现更高水平的敏捷性很好地保持一致，要么与之相冲突。如果发生冲突，那么就要想想是否应该继续推动转型。领导层显然看重不同的东西，也许不应该尝试提高敏捷性。这可以防止浪费大量时间、金钱和精力。在这种情况下，更明智的做法可能是帮助人们在他们的价值观范围内进行改进，无论这些价值观是什么。

如果决定了确实需要转变文化，就必须仔细计划。试图改变一种文化并不意味着实际上就能改变它。文化是组织或部门中人员的行为、价值观和信仰的产物。文化只能通过改变行为来得到改变。这些新行为必须得到新政策、指标、结构和领导风格的支持。只有这样，文化才会发生转变。这是敏捷性的关键促进因素，不容忽视。本书将在第 5 章中更详细地探讨组织文化。

一个组织的文化就像墙上的影子，不能直接被改变。要改变影子，必须改变产生影子的物体或光源。同样，文化本身也是其他 5 个促进因素的产物。然而，当前的文化和期望的文化将极大地影响其他方面的变化。因此，文化始终都是敏捷性的关键促进因素。

3.2.3 组织结构

很少有因素会像组织结构一样影响组织实体的敏捷性。这就好比你能够驾驶油轮快速行进，但几乎无法快速改变它的方向。不管你怎么努力，这艘船从一开始就是为了别的用途而设计的，没有快速转向的功能。而如果你开的是快艇，快速改变方向就容易多了——更容易响应变化，更容易保持敏捷。也就是说，敏捷性与你正在做什么无关，而与你所操作的系统有关。

组织也是一样的。组织系统的结构设计往往对这些系统的运行方式产生巨大影响——远远大于在其中工作的人员。能增加敏捷性的组织设计变革的类型是，从职能筒仓（如金融、营销和工程）向协作、跨功能团队转变，用以大大减少原部门间的交接。其他包括从反应缓慢的传统等级制度向相互关联的团队网络的转变，以应对不断变化的现场事件。价值创造者必须更接近客户和业务利益相关者，以实现更大程度的协作。

领导者必须决定哪些特征是他们希望通过价值递送系统呈现的，并根据这些特征（重新）设计系统。组织设计和结构变化可能是困难的、具有破坏性的，并且对某些人来说是令人不安的。另外，在追求预期结果方面，它们通常具有极为重要的作用。鉴于领导层可以直接改变组织设计（组织文化却不能被直接改变），而且组织设计的改变如此重要，因此它是提高敏捷性的工具箱中最强大的工具之一。本书将在第 6 章中更详细地探讨组织结构。

3.2.4 人员和敬业度

在现代商业中，游戏规则已经改变。没有人会怀疑员工敬业度和业务成果之间的联系。无论你查看哪些数据，结果都是一样的：员工敬业度高的公司其业绩明显优于竞争对手。

许多组织仍在使用工业革命时代的管理方法——着重管理合规性和服从性。然而，最有效的组织不是在管理这些方面，而是管理主动性、激情和创造力。这有助于它们吸引和留住最高效的员工，并在当今复合的知识经济中获得巨大的竞争优势。

难怪在盖洛普公司（Gallup）2017 年的《全球工作场所状况报告》中，只有 15% 的受访者表示他们“投入”了他们的工作！组织正在浪费人的潜力，并没有发挥员工的最佳水平。这对员工不利，对企业也不利。

要创建高绩效、适应性强的组织，必须积极管理敬业度。这涉及为 21 世纪的知识工作者改造许多过时的人力资源政策。本书将在第 7 章中更详细地探讨人员和敬业度。

3.2.5 治理方法和投资方式

我总是被问到这样一个问题：“当我们需要预先签订工作范围、成本和时间表，并且这些事项如果不重新审视项目价值分析就无法改变时，我们如何才能做到敏捷？”答案当然是你不能做到。这就像是询问一个人在不响应变化的同时如何回应变化，毫无意义。

抱歉。我不喜欢传达这样的信息，但我得说实话。坚持大型的前期分析和设计、详细的项目价值分析、严格的变更控制以及大规模批次融资的瀑布模型不是为敏捷性而设计的模型。事实上恰恰相反——它是为刚性和可预测性而设计的。该模型提出了在复合的形势下往往站不住脚的一大堆假设，比如“我们能提前知道要建造什么”、“随着我们取得进展，事情不会发生太大变化”和“一旦钱花了，就可以放心地加大投资，验证我们的假设”。这从根本上与敏捷性不相容，也不是你在如此复合、瞬息万变的环境中构建出色产品的方式。

将投资方式从预测和计划转变为试验和适应是一种巨大的思维方式的转变。进行大量的小额投资并根据反馈进行纠偏是风险最小的方式，但组织需要为此做好准备。大多数组织没有做到这一点。从投资大型项目过渡到投资长期产品，并采用风险投资家的方法来分配资金将释放出真正的敏捷性。像“超越预算”（Beyond Budgeting）之类的行动也可以提供巨大的帮助。引入财务、风险、法规遵循、项目管理和其他治理功能以便转向采用能实现更大敏捷性的方法，这是一个漫长而困难的过程。许多组织忽略了这一点，因此未能变得敏捷。另有许多组织已经做到了这一点，因此正在从中受益。本书将在第 8 章中更详细地探讨治理方法和投资方式。

3.2.6 工作方式

工作方式是大多数组织主要重视的促进因素。无论是实施正式的敏捷框架还是改进工程实践，这往往都是大多数组织寻求提高敏捷性水平的起点。人们花费大量时间争论哪些框架或实践是“好”的，哪些是“坏”的。事实上，只关注工作方式而不强调其他 5 个敏捷性促进因素几乎可以保证“敏捷性在这里不起作用”。简而言之，你使用哪种方法并不重要；如果你只关注工作方式这个因素，你就会失败。失败的原因是，创造成功环境（即组织操作系统）所需的组织和领导层变革将不会发生。这类似于试图在沙漠中种出一朵美丽的玫瑰花。除非条件合适，否则它就不会也不能生长。

在正确的情境中应用时，各种工作框架是非常有价值的。你组织的文化将适合采用这些框架中的其中一种。在不了解你组织的背景、文化、预期结果和对变革的态度的情况下，任何建议你从一个特定的框架开始的管理导师或顾问都可能是没有经验为你提供转型建议的人。我经常看到这种情况，这是我们行业的失败。流程、实践和框架很重要，但它们不会孤立地取得成效。本书将在第 9 章更详细地探讨工作方式。

3.2.7 综述

有许多模型试图解决与本书涵盖的问题类似的问题。我特别喜欢并且与我观点高度一致的是一家叫企业叛逆者（Corporate Rebels）的荷兰咨询公司。在环游世界并与世界上最先进的领导者和组织会面后，企业叛逆者公司的咨询团队识别出了 8 种习惯，这些习惯似乎是最有效的组织员工之间的共同点。这 8 种习惯是：

- 从利润到目的和价值观
- 从等级金字塔到团队网络
- 从指令型领导到支持型领导
- 从预测和计划到试验和适应
- 从规则和控制到自由和信任
- 从集权到分权
- 从保密到彻底透明
- 从完成工作任务到发挥才华和专业性

随着我们逐步介绍我之前提到的 6 个促进因素，上述 8 种习惯的每一个方面及其相应的模式都将会被陆续讨论。

帮助培养高绩效、敏捷的组织，让其成为有吸引力的工作场所并让客户感到愉快，这是我每天早上起床投入工作的主要动力。我们应该试图教育领导者了解提高敏捷性和员工敬业度所能带来的商业利益，同时明确实现它所涉及的改进规模。这不仅是一个团队改变工作方式的问题，就像一辆汽车换掉一个轮胎一样，这只是拼图的一小部分。组织在创建操作系统的过程中涉及重大的组织变革，在这个系统中，团队可以在21世纪的高VUCA世界中取得成功。为了汇总和可视化这些变革，我将在第10章介绍业务敏捷画布。画布将确保转型的原因、内容和方式的清晰性、一致性。这一旅程将是漫长、艰难和具有破坏性的，但实现它之后的回报是可观的。我甚至可以说许多组织的长期生存都取决于它。为了增加成功的机会，请将你的关注点从流程和实践扩展到组织的整体。努力创建一个整体的方法来提高你的组织能力，看看你能提高多少效率。

> **思考**
>
> 所有这6个促进因素是否都有助于你的组织实现更高的敏捷性？如果没有，你认为哪个因素需要更多关注？

本章小结

- 许多敏捷转型只关注工作方式，而忽略了其他5个敏捷促进因素。
- 其他需要关注的方面是领导和管理、组织文化、组织结构、人员和敬业度以及治理方法和投资方式。这些构成了构建工作实践的底层组织操作系统。
- 只有当所有这6个促进因素都得到全面、一致和协调的发展时，组织才有机会提高其敏捷性。

第 4 章
领导和管理

现在，你的公司拥有 21 世纪基于互联网的业务流程和 20 世纪中叶的管理流程，所有这些流程采用的却是 19 世纪的管理原则。

——加里·哈梅尔（GARY HAMEL）

在本章中，我们将探究

- 管理层出现的环境及其要解决的问题
- 早期管理先驱的思维模式
- 为什么传统的管理方法在现在的许多情况下变得无效
- 在高 VUCA 环境中进行有效管理的一些现代方法

4.1 管理的诞生：新兴的当务之急

在我家附近有一片绿地。这片绿地的出现可以追溯到 250 多年前，当时这里还是农村。虽然现在面积只有原来的一半左右，但这片绿地至今仍在使用且带有浓重的乡村气息，让人看不出它位于一个拥有近 900 万人口的城市。令人愉悦的是，牛槽仍然矗立在一端，尽管现在它是用来盛放鲜花而不是曾经喂牛的饲料。最近和两个女儿在绿地上玩捉迷藏游戏时，我躲进了一个以前从来没有注意到的建筑物中。该建筑物是一个红色的小屋，只有一扇门，里面只能勉强容下一个人。在红色小屋的内壁上贴着一个较小的、上面连有一根长绳的黑色盒子。女儿们找到我后，很快就问我藏身的到底是什么地方。其实，那是一个老式的公用电话亭。该模型是1924年由英国设计的，虽然如今已越来越少见，但在世界范围内都能一眼就认出来。在我解释了电话亭是什么之后，大女儿问为什么人们不能只用“口袋里的电话”。对一个从未了解过没有手机的世界的7岁孩子来说，这是一个合理的问题。一个人们不能保持轻松、持续联络的世界对我的两个女儿来说太陌生了。

我的女儿们无法想象一个没有手机的世界。同样，大多数人都难以想象一个不存在“管理”的世界。感觉就像“管理”一直在那里——无处不在，毋庸置疑。然而，在管理出现之前确实存在一个不需要正式流程和大规模规划协调的时代。虽然某些管理形式与智人本身一样古老，但我们所知道的管理是一个相对较新的概念。在我们开始设想管理的未来之前，我们必须首先了解它的过去。

1890年，平均每家美国公司有4名员工。当时美国的经济以农业为主。在教会和军队等少数组织之外，几乎不需要正式的管理。技术工人和非技术工人都很清楚他们的工作需要做什么，然后只需要继续做下去就行。所需的有限计划、协调和指导是非正式的，并且大多由更有经验的工人在日常工作中完成。

很少有人能想象在接下来的30年里事情会发生怎样的变化，这个时期标志着第二次工业革命的后期。19世纪末出现了快速的技术进步，包括内燃机、电力能源和电话等技术都在这一时期蓬勃发展。借助这些进步，亨利·福特（汽车）、约翰·戴维森·洛克菲勒（石油）、科尼利厄斯·范德比尔特（轮船和铁路）、詹姆斯·杜克（烟草）和安德鲁·卡内基（钢铁）等行业领袖能建立巨型组织。最终，在1901年，美国钢铁公司成为第一家价值达到10亿美元的公司（相当于2001年的430亿美元）。随着组织规模的急剧增长，对管理大量员工的更正式方法的需求也在增加。在这30年中，作为一门正式学科的管理学以及管理者（那些只负责管理工作的人）的概念被定义，并改变了全世界各行各业的生产力。

尽管相关的定义有很多，但在本书中，我使用领导（leadership）这个词指以组织为中心的活动，涉及培养愿景、价值观、文化和结构以及设定方向。我使用管理（management）这个词来表示确保工作以正确的方式并在既定的规则内完成。简而言之，领导关乎战略和文化，而管理则主要关乎执行力。

4.2 早期管理：追溯先驱

要理解早期的管理理论，重要的是要了解提出它们的人。我们现在来探讨该领域的三个主要贡献者及其相关的管理方法。需要注意的是，我们应在当时的工作背景下来考虑他们的理论。

4.2.1 弗雷德里克·温斯洛·泰勒（Frederick Winslow Taylor）：科学管理

泰勒于1856年出生于费城，有着优越的成长经历。作为一名毕业于普林斯顿大学的律师的儿子，他曾就读于菲利普斯埃克塞特学院（Phillips Exeter School）。在那里，他的才智和强烈的职业道德感使他成为班上的佼佼者。1874年，他轻松通过了哈佛的入学考试，并打算跟随父亲的脚步学习法律。不幸的是，泰勒的高强度学习使他的视力迅速恶化，这导致他的职业生涯出现转折。他拒绝了哈佛的录取，并在费城的一家名为恩特普赖斯水压工厂（Enterprise Hydraulic Works）的小型制造公司担任制版师和机械师的学徒。泰勒爱上了工厂环境，并获得了宝贵的车间经验。他称这个时期为“我所受的教育中最有价值的部分”。

1878年学徒期满后，泰勒在米德维尔钢铁厂（Midvale Steel Works）担任机械车间的工人。然而，他并没有长时间停留在工人级别。他晋升迅速，先后担任车间职员、机械师、工头、领班、维修领班和绘图室主任，直到他最终被任命为总工程师。1883年，利用晚间自学，泰勒在史蒂文斯理工学院（Stevens Institute of Technology）获得机械工程学位。

在泰勒负责工厂车间时，管理者与车间工人几乎没有工作上的联系，工作也很少标准化。技术进步促进了采用能以科学精度运行的高度精密的机器，但工人操作它们的过程和方法并不科学、严谨。事实上根本没有人考虑过这个问题。泰勒注意到，由于在很大程度上自主决定合适的工作方式，每个工人的工作方式各不相同，有些效率更高，有些则不然，因此产出差异很大。他还认为，员工在“磨洋工”，即对工作付出的努力不足。这只会加剧产出差异。他说：“人的天性是非常懒惰的，到目前为止，工人和雇主都遭受的最大祸害是在所有的普通管理方案下几乎都存在的集体懒惰。”

虽然很多人都在考虑创造更先进的机器，但几乎没有一台机器是针对提高生产力（productivity）的，当然“生产力”这个词当时还没有被普遍使用。对人们工作方式的研究并没有跟上对他们工作所用技术的研究。因此，泰勒认为，生产力远远低于应有的水平，劳动力成本也因此高得多。令人难以置信的是，人们对工具、技术和管理咨询投入了那么大精力，却对工作如何执行关注得如此之少。通过对工作的仔细研究，泰勒将解决这种生产力差距作为自己的使命。作为一名机械工程师，他想了解生产力的科学性。在当时这是非常激进的。他不是让工人走得更快，而是要向他们展示如何走得更快。用管理大师彼得·德鲁克（Peter Drucker）的话来说：“弗雷德里克·温斯洛·泰勒是有史以来第一个认为工作值得系统观察和研究的人。”

泰勒对效率和生产力的追求由此开始。他相信对于每项工作，都一定有“一种最佳方式”来执行，这种方式比所有其他方式都更快、更有效。他详细研究了每项工作，依靠工程师的简化方法，将每项工作按其组成步骤分解。带着秒表和记事本，他试验了执行每项工作的多种方法，并让助手记下在每个动作上所花费的时间。在将这些最佳方式重新组合在一起后，效率大大提高。一旦这项工作以简单的步骤记录在指令卡上，工人们就必须按照这些步骤进行操作。然后，他们被期望达到严格的产出指导方针。泰勒称这种方法为“科学管理”。几个世纪以来一直靠工人们判断的经验法则已经一去不复返了，取而代之的是指导和衡量。

在许多方面，这是一种非人性化的方法，将本来有思想的工人变成了机器中的齿轮，但是这台机器是高效和多产的。因此，尽管遇到了来自车间工人的抵制，但向提高生产力进军是不可阻挡的。泰勒的科学管理基于以下四个关键原则：

- 使用基于对工作进行严格、科学研究的方法，而不是旧的经验法则。
- 积极选择、培训和培养员工使其胜任工作，而不是让他们自我培训。
- 详细说明如何执行每项工作并密切监督工人的表现，而不是让工人自己摸索。
- 将管理者和工人的工作分开，让管理者负责思考和计划，而工人负责执行。

在帮助米德维尔钢铁厂成为行业领导者之后，泰勒于1890年开始在许多其他行业应用科学管理。在帮助米德维尔钢铁厂将锅炉大修成本从62美元降到11美元后，他继续帮助生铁厂将所需的工人数量从600人减少到140人，并将造纸厂人工成本从每吨30美元降低到每吨8美元，其他类似的例子还有很多。工人对他的方法有多痛恨，工厂老板对它们就有多喜欢。然而，工人们的罢工是徒劳的。泰勒只是用更廉价、技术水平较低的工人代替了更有经验的工人；毕竟，他们所要做的就是按照规定的步骤来获得相同的结果。工人已成为可替代的“资源”，管理者可以随意更换他们。

泰勒认为管理者的工作就是找到一种“最好的方法”，将其详细记录为一系列简单的步骤，并确保员工严格遵守这些步骤——最终目标是最大限度地压榨每个员工。因此，“最佳实践”的概念诞生了。这标志着管理者和工人分离的开始。泰勒说：“毫无疑问，将计划工作和脑力工作与体力劳动尽可能地分开可以降低生产成本。”他告诉工人：“我雇你们是因为你们的体力和技术能力。我们付费雇其他人从事思考工作。”1911年，泰勒出版了其具有里程碑意义的著作《科学管理原理》(*The Principles of Scientific Management*)。泰勒比历史上任何人都更彻底地改变了工作的世界。今天，几乎在世界上的每个大型组织中仍然可以找到这些原理的影子。他使管理学成为一门学科，并在管理者和工人之间、规则制定者和规则执行者之间、思考者和行动者之间划定了清晰的界限。直到110年后的今天，该界限才开始变得模糊。

4.2.2 马克斯·韦伯（Max Weber）：科层制管理

泰勒的大部分工作都是关于单项工作以及工人如何以最高的效率执行这些工作。大约与此同时，其他人开始关注整个组织系统（诸如商业和政府部门）以及如何有效管理这些系统。这些思想家中最有影响力的一位是马克斯·韦伯。韦伯于1864年出生在普鲁士王国的萨克森省（现在的德国），成长于工业化对商业和社会都产生巨大影响的时期。韦伯是一位杰出而富有的公务员的儿子，他和家人同时投身于政界和学术界。韦伯天性聪明，在学校表现出色。他先在海德堡大学和柏林大学学习法律，后来成为社会学和经济学领域的学者。

为了更广泛地研究经济和资本主义，韦伯于1904年访问美国。美国远比他的祖国更鼓励竞争和创新，这让他感到震惊。他深感担忧的是，在德国，权威基于人脉和社会地位，而不是知识和经验。他认为，如果组织建立在"理性权威"的基础上——也就是说，如果将权威授予最有能力的人，那么组织会更有效率。他称这种"理性"组织为科层制组织。

韦伯记录了科层制组织的六个特征：

- 权威等级：管理者按等级组织职位。每级控制下一等级，而又由上一等级控制。
- 专业化：工作根据专业分解为简单的任务。工人只专注于各自狭窄的领域，并且有明确的角色和责任。
- 正式甄选：工人的甄选和晋升完全基于他们的技术和能力。
- 规则和法规：管理者制定正式规则，工人遵守这些规则。这确保了一致性和可预测性。
- 非个人化：没有特殊待遇。规则平等地适用于所有工人。
- 职业生涯导向：保障员工不被随意解雇，组织的经营管理权和所有权相互分离。

就像泰勒的工作方法一样，韦伯的精神在所有类型的企业中迅速传播，直到今天，在大多数在营企业中仍然广为人知。

4.2.3 亨利·法约尔（Henri Fayol）：行政管理

与韦伯一样，亨利·法约尔不仅对工作感兴趣，还对如何管理整个组织感兴趣。法约尔于1841年出生于君士坦丁堡（现伊斯坦布尔）的一个法国家庭，他的父亲是法国军队的一名工程师。1847年法约尔全家搬回法国，当时法国正在经历一系列社会和工业变革。法约尔就读于圣艾蒂安国立矿业学院，并于1860年毕业。19岁时他在一家矿业公司开始了他的职业生涯。他迅速晋升为董事总经理，负责管理1 000多人。据说，在一匹马于矿井中摔断腿后，法约尔受到了一个很大的触动。他写了一份申请，要求更换马匹，但马厩主管直截了当地拒绝了申请，因为上面没有当时缺勤的公司董事的签名。该拒绝导致了矿山关闭以及一天的产量损失。法约尔认为这是由于管理层未能正确计划和组织工作导致的，并开始考虑改进管理方式。

今天，法约尔以管理理论家和管理领域重要贡献者的身份而闻名。和泰勒一样，法约尔相信管理实践是组织中可预测性和效率的关键，他在20世纪早期的大部分时间里都在研究这些实践。在泰勒工作的基础上，法约尔于1916年在《工业管理与一般管理》一书中发表了他的行政管理理论摘要。该书于1929年被翻译成英文版 *General and Industrial Management*。法约尔在其中定义了五项管理职能：

- 计划：展望未来以了解宗旨、目标和预测，并制定结构化的行动计划来实现它们
- 组织：为人员搭建结构，安排原材料和工具到位，并整合执行计划
- 指挥：为员工提供指导，让他们知道该做什么
- 控制：跟踪、衡量、使事情保持在正轨上，减少偏差并对不足进行改进
- 协调：确保部门内部及部门之间协同工作以实现计划

这些职能由包括分工在内的14条原则支撑。分工导致了专业化程度的提高，并导致了集中化，从而将权力置于最高管理层。与泰勒主义一样，法约尔的工作及其原则在当今的许多企业中都能见到。

在20世纪余下的时间里，这三人以及许多其他管理先驱所定义的原则为该领域主导范式的建立奠定了基础。这种范式认为，管理的工作就是以最少的时间、精力和金钱投入获得最大的产出。这是一种等级制度、规则、专业化的范式，管理者进行思考和计划，而工人只是执行任务。这种范式应用如此广泛且很少受到质疑，以至于我们在这里探讨的几乎所有管理方法都可以在当今世界各地的组织中以某种方式找到。虽然这些早期的管理进步带来了巨大的利益，并带来了创纪录的生产力增长，但最近这些年来，它们一直在阻碍组织发展。

> **思考**
>
> 在你的组织中，是否有权力集中在少数领导者和管理者手中的例子？是否已有实例证明那是存在问题的？

4.3 重塑管理：告别那些过去有效的方式

在我的职业生涯中，我曾与数十家组织合作。在传统的管理结构中，我曾身兼两职，也曾在从工人到高管的各个层级任职。几乎所有这些职位的管理都结合了细致严谨的、科层制的和行政的管理原则。他们几乎都努力通过某种标准化和惯例来最大限度地提高效率、生产力和可预测性。

当你的产出和流程都预先知道并且不太可能改变时，你最大的问题就是以尽可能少的时间和成本投入生产，这样的事情很容易处理。当“机器”仅仅是复杂的（而不是复合的），只要把它分解成各个组成部分并单独分析就可以理解时，事情也很容易处理。这就是传统管理方法从19世纪中叶到20世纪初的第二次工业革命期间运作良好的原因，当时泰勒、韦伯和法约尔在创建他们的理论和原理方面最为活跃。因为当时所做的工作大多是可预测的、稳定的、容易理解的，所以VUCA水平低，竞争水平低，创新也不是目标。这些管理先驱要解决的问题是如何让大量的人来按照详细的指示执行简单的工作，并遵守规则。他们是利用现有产品和服务的大师。因此，管理的很大一部分就是关于遵守规则和流程。但是，我们错误地将一种在给定环境中行之有效的方法与普遍行之有效的方法相混淆，这是很危险的。只有当环境保持不变时，这些方法才能继续高效工作。

亚伯拉罕·马斯洛（Abraham Maslow）曾说过一句名言："当你唯一的工具就是锤子时，所有东西看起来都像一颗钉子。"近些年的管理创新几乎没有取得任何进展。大多数传统组织还在采用与100年前大致相同的方式进行管理。管理人员配备了一套工具和方法，并将这些工具和方法用于几乎所有的环境，基本不考虑适用性。问题并不是传统的管理方法本身不好。恰恰相反，在过去的时代，它们取得了非凡的成果，尽管可能有人会认为其导致了人力成本过高。问题是，一个世纪后商业环境已经发生了翻天覆地的变化。高VUCA环境、知识性工作的增加以及从利用到探索的转变已经见证了曾经有效的技术惨遭失败。在寻求管理知识工作、创新和实现业务敏捷性时，传统方法一次又一次地被发现有欠缺。就像英国的挑战者-2（一种专为城市地区的维和任务而设计的坦克，后来在部署到沙地和沙漠中作战时发生了故障），19世纪和20世纪早期的管理方法现在正用于并非设计它们时针对的环境中，并且完全不适合。

20世纪中叶的数字革命引领工业时代进入了信息时代。机械和模拟技术让位于带来家用电脑、互联网和智能手机的数字技术。突然间，世界上最大的组织付给员工工资不再是仅仅为了让他们盲目地服从命令和执行重复的体力劳动，而是让他们思考。彼得·德鲁克（Peter Drucker）于1966年创造了"知识工作者"一词。知识工作与传统的体力劳动有很大不同。体力劳动是用重复的方式执行简单的日常任务，通常由严格的规定指导。体力劳动者通常被认为是无名的和可以互换的。泰勒式的管理实践将所有的思考工作都转移到了管理者身上，让工人只能按照指示执行。正是这种方法让亨利·福特（Henry Ford）提出了一个著名的问题："为什么每次我要一双手时，它们都附带着大脑？"

知识工作是不同的。知识工作者上班是为了思考，而不是去执行。

他们不一定是管理者，但他们确实会参与非常规的、创造性的问题解决活动，并根据大量数据和信息做出大量决策。知识工作者通常从事创造性工作——解决方案在很大程度上是未知的，并且随着工作的推进而出现。在这个过程中需要做出很多决定。事实证明，使用传统的管理方法最大化知识工作者的生产力几乎是不可能的，衡量的困难就更不用说了。在这里，我想展开探讨引发这一变化的三个关键原因。

4.3.1 工作复合性提升

盲人摸象的故事大家都听过：一群盲人遇到了一种奇怪的动物，他们被告知这种动物叫大象。大家很好奇，并希望以他们唯一能做到的方式（即通过触摸）来获知大象长什么样。于是他们都开始摸这头大象。第一个人的手放在鼻子上。他说："大象粗如蛇。"第二个人的手摸到了大象的耳朵。他说："大象就像一把扇子。"第三个人摸到了它的腿，说："大象就像树干。"故事中的所有人似乎都说得对，但每个人都无法理解全局，最终得出了错误的结论。

当个人试图通过类似于泰勒使用的那些简化技术来理解复合的系统时，情况也是如此。那些技术对泰勒和他的同时代人是有效的，因为管理者可以用最少的变量来掌握少量可重复的工作。一切都可以衡量和优化，他们可以确信第二天及以后事情会保持不变。他们可以看到整只大象，并确保大象永远不会移动或改变。

复合的知识工作是不同的。仅仅通过理解组成部分是无法理解整体的，因为整体不是部分的总和，而是部分之间相互作用的产物。研究表明，人类随时可以在大脑中保存的信息块数量是5~9。如果是集中注意力，保存的信息块数量就变成了4。现在经常有太多的变量和交互，一个人无法完全理解。也不再有"最好的方法"，即使有，通过一个人的力量也无法找到它。最佳实践的概念在复合的工作中不再有意义。因为现实中存在许多可能的解决方案，这些方案只能通过试验、快速反馈和细微的调整来理解。这就只能由执行工作的人来完成。

更糟糕的是，在知识工作中，同一个问题很少出现两次。每一天都面临一个新的挑战，需要一套新的可能的解决方案。规范性指令卡可能有助于解决昨天的问题，但不能解决今天的问题。任何管理者都不可能具备做出所有决策需要的认知能力、对所有活动都了解或亲自执行工作。他们根本看不到整只大象。只有那些执行工作的人、那些真正了解情况并拥有做出正确决策的隐性知识的人才能看到整只大象。泰勒的清晰分界线已经变得模糊。

4.3.2 决策的频率和紧迫性增加

当进行简单、可重复的工作时（例如，在泰勒开发他的理论的米德维尔钢铁厂之类的工厂），每天所需的决策数量很少。一旦找到了“最好的方法”并且所有工人都理解了指令，就只剩下有效执行这些指令的问题了。分析和思考已经由管理人员预先完成。工人只需简单地执行任务，而管理人员则确保所有工作合规。当工作足够简单时，少数管理人员就能轻松搞定。

但是当工作具有创造性时会发生什么呢？什么时候必须通过某种程度的调查和反复试验来发现问题的解决方案？什么时候不仅需要预先做出决策，还需要在整个过程中（有时甚至是每分钟）做出决策？以外科医生为例，他可能在开始进行外科手术时有一个计划，但在切开病人的身体后，他可能会发现他必须迅速调整该计划。谁最有资格做出这个决定？坐在楼上办公室里远离信息的医院院长？还是具有丰富经验、掌握触手可及的信息而且能够迅速采取行动的外科医生？当患者的血压突然下降时，快速有效的决策至关重要。在这种情况下，将信息上报给管理层然后等待命令下达是不切实际、无效而且危险的。权力必须下放给一线工作者，以便工作的执行迅速有效。

4.3.3 普遍的怠工

传统管理方法失败的第三个原因是一个非常人性化的原因。将思考与行动分开本质上是将人们降低为无名的、可替代的编程计算机，机械地按照预先设定的规则执行工作。毫不奇怪，对绝大多数从事执行工作的人来说，这并不是一种特别充实的生活。怠工、无聊和沮丧是过度控制管理风格的标志。这导致了泰勒所描述的“磨洋工”行为，即人们不会付出 100% 的努力。谁能责怪他们呢？当一个拿着记事本和秒表的经理站在他们身后时，人们不会尽最大努力工作。这里的问题不是人，而是人必须在其中工作的环境。100 年前，人们很少换工作。但现在，人们很少在一家公司待上几年。吸引和留住最优秀的人才现在对大型组织来说是一个很大的问题。正如史蒂夫·乔布斯曾经说过的那样：“如果你想雇用优秀的人并让他们一直为你工作，你必须让他们去做很多决策，你必须靠创意而不是等级制度来进行管理。最棒的创意必须要胜出，否则优秀的人才不会留下来。”对于员工敬业度的概念我将在第 7 章中详细讨论。

很明显，近年来工作执行和工作管理之间的界限变得越来越模糊。那些使用已知且稳定的流程在已知且稳定的市场中创造已知且稳定的产品的人仍然会看到传统管理方法的很多价值。但其他人将需要一种全新的领导和管理方法。21 世纪的领导需要设定愿景和方向，创建正确的文化，然后利用人们的集体智慧来解决复合的问题。它较少关注服从性，而更多地关注创造性和成长。领导者现在必须创造一个环境，让人们做与泰勒和福特希望他们做的完全相反的事情：思考。

思考

在你的组织中，管理者是否有时会发现难以掌握工作的复合性？管理者有时会成为决策的瓶颈吗？他有时做出的决策是否会让团队感到沮丧？是否有执行这项工作的员工表现出怠工或沮丧的例子？

4.4 21 世纪的领导：一些新兴的方法

斯蒂芬·理查兹（Stephen Richards）曾经说过：“如果你做别人做的事，你就会得到别人得到的东西。”组织似乎在某种程度上理解了这一点。总是有很多人在谈论创新，也有许多人在尝试采用新技术。人们甚至还有创造新产品和新服务的愿望。很少有人会不同意创新是一项有益的努力。很少有人会因为还没有其他人推出新产品或新服务就回避这么做。事实上，成为第一是创新的关键。然而，这种创新的愿望很少延续到管理领域内。在实际工作中，技术和产品创新很受欢迎，但当涉及组织的结构和运行方式时，人们却在极力回避创新。突然之间，我们觉得按照其他人做事的最佳实践来做事更安全。为什么要去冒险呢？

不过，管理创新正是一些组织创造巨大竞争优势的方式。在《管理大未来》（*The Future of Management*）一书中，加里·哈默尔（Gary Hamel）提出了创新层次的概念（见图 4–1）。处于创新层次的底层、影响最小的是运营创新——以传统的管理方式改进工作方式。运营创新很少带来大的竞争优势。随着目前庞大的合作伙伴和顾问网络在客户之间交叉推广新的工作方式，运营创新几乎瞬间就扩散到其他组织，给创新组织留下的竞争优势微乎其微。

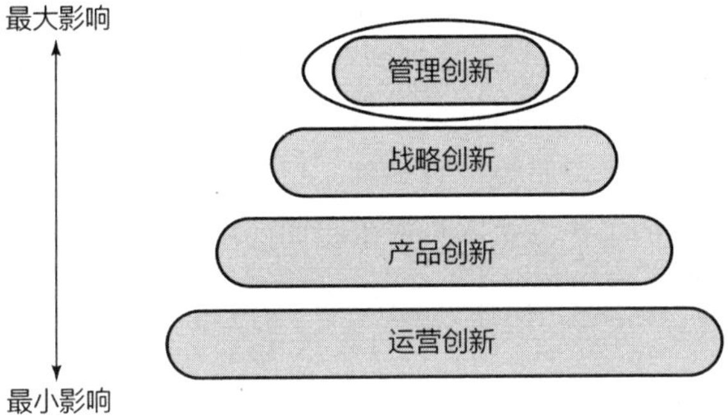

图 4–1　创新层次

往上第二个层次是产品创新。毫无疑问，推出一款出色的新产品会产生短期优势，但其他人受到启发并生产出类似的产品通常只是时间问题。就像其他制造商很快就推出了与 iPhone 非常相似的触屏智能手机或与戴森（Dyson）吸尘器相似的无袋吸尘器，特斯拉公司（Tesla）2008 年推出的电动跑车 Roadster 催生了大量电动汽车。由于专利法实施艰难，这种模仿是无法避免的。

往上第三个层次是战略创新。这是一种挑战现有企业的全新商业模式的创新。想一想西南航空公司（Southwest Airlines）和瑞安（Ryanair）航空公司是如何扰乱航空市场的，或者优步（Uber）是如何在不拥有任何车辆的情况下成为世界上最大的个人交通工具供应商的。优步用户群激增至 1.1 亿的原因并不是优步有什么高超的技术，其网站和应用程序背后的数字技术已经存在多年，出租车服务也是如此，而是其创新的商业模式将需要服务的人和能够提供服务的人轻松地联系起来，从而颠覆了整个行业。这能为企业在发展中期提供显著的优势。但是，正如优步、西南航空公司和无数其他公司所发现的那样，随着时间的推移，商业模式也可以被复制。

模型的最上层是管理创新，这是一种领导组织的大胆的新方法，可以产生持久的成果。我们所熟知的很多优秀企业管理案例都属于管理创新，比如通用电气公司（General Electric）为其科学发现方法制定原则，福特公司创造新模式来管理当时世界上最大的公司，通用汽车公司（General Motors）开创性的事业部制，以及丰田公司（Toyota）创立的丰田模式。这些创新特别难以解读，尤其是创新在很大程度上与文化有关的情况下。这让竞争对手摸不着头脑，想知道他们是如何做到的，以及为什么复制他们的工作方式不会产生相同的结果。这里我将讨论三项管理创新以及它们出现的背景。

4.4.1 定向机会主义

1806 年，由腓特烈大帝建立的普鲁士军队以其训练有素在欧洲享有盛誉。相比之下，法国军队主要由大革命遗留下来的公民义务兵组成。他们几乎没有时间进行训练并变得自律，更像是一个混乱的群体，每个人都各自为战。当两支军队在耶拿（Jena）和奥尔施泰特（Auerstedt）这两个战役中相遇时，结果既令人惊讶又具有决定性。法国军队在两条战线上都击溃了普鲁士军队。在普鲁士军队惨败之后，大卫·沙恩霍斯特（David Scharnhorst）将军带领一个小组去了解失败原因，希望找到必须做出哪些改变才能避免重演失败。他们发现普鲁士军队需要变得更机灵、更快。他们最初试图通过集中控制和制定流程来克服不确定性，这导致了决策的缓慢，士兵虽顺从但没有动力。相比之下，法国军队高度放权，得以让士兵们充分发挥自己的主观能动性。他们的积极性很高，可以根据情境迅速决策，最终以无与伦比的速度战胜了普鲁士军队。作为回应，普鲁士军队试图从头开始改变他们招募、训练和运作的方式。

陆军元帅赫尔穆特·冯·毛奇不是一个家喻户晓的名字。他提出的任务导向指挥系统（*Auftragstaktik*）也不是一个家喻户晓的词语。然而，他和他工作的影响在全球的军队和其他实体中都在发挥作用。1866 年担任普鲁士军队的指挥官后，他开始支持独立地思考和行动，而不是机械地服从。1869 年，他发布了一份名为《大部队指挥官指南》（*Guidance for Large Unit Commanders*）的文件，其中所提到的高级指挥原则在之后的 70 年间都没有变过，时至今日该原则仍反映在美国和北约的军事理论中。这一理论包含了毛奇提出的有点反直觉的方法，意图通过缩小三个差距减少组织摩擦。

为了缩小知识差距，他强调了只计划可以计划的内容、接受不确定性以及一旦获得更多信息就在现场及时做出决策的重要性。他指出："在战争中，情况变化非常快，涵盖时间长的多细节指令能够得到充分执行的情况非常少。"

为了缩小一致性差距，他强调要尽可能多地传达实现目标所需的更高意图。这种对要实现的目标及其原因的理解会产生更有效的下级决策，并防止与上级意图不一致的行动。

为了缩小效果差距，他强调每个人都应该做出自己的决定并在预定的范围内行动。他知道，当 VUCA 水平很高时，计划必须根据新出现的情况不断调整。一旦清楚地理解了计划的意图，信息所在的实地人员就可以通过调整他们的行动做出回应，但仍与意图保持一致。这就是毛奇最有名的名言来源："没有任何作战计划在与敌人遭遇后还有效。"

毛奇的深刻见解是，一致性和自主性不是需要权衡的两方面。其中一方面更多并不一定意味着另一方面就更少。相反，他观察到一个人与组织目标的一致性程度越高，可被授予的自主权就越多。一致性使自主性成为可能（见图 4–2）。他支持这样一种观点，即领导者应该专注于沟通意图、要实现的目标及其原因（这与泰勒要提出的建议完全相反），并解释实现预期目标所需的行动。然后由其他人决定“如何”利用现场获得的信息来实现目标。这种方法提高了组织智慧和弹性，因为它不再只依赖于高层的一小群聪明人。1870 年，由毛奇领导的越来越自信的普鲁士军队再次迎战法国军队，以决定性的胜利扭转了耶拿—奥尔施泰特（Jena–Auerstedt）战役的结果。

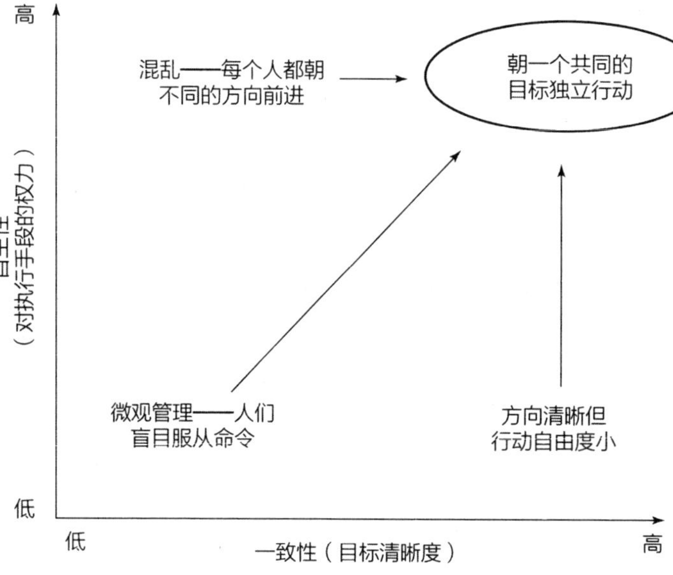

图 4–2 自主性和一致性

任务导向指挥系统现在已成为北约的官方军事理论。它在 1991 年海湾战争中首次大规模应用。1981 年，已故的通用电气首席执行官兼董事长杰克·韦尔奇（Jack Welch）采用了这种方法的一个版本，称其为“有计划的机会主义”。在《行动的艺术》（*The Art of Action*）一书中，斯蒂芬·邦吉使用“定向机会主义”一词来描述商业组织的任务式指挥。这种方法可以概括为三个步骤：（1）决定什么才是真正重要的任务。（2）尽可能清晰简洁地传达该信息。（3）给人们有效执行任务提供空间和支持。

4.4.2 基于意图的领导

1998 年 12 月，在夏威夷珍珠港，大卫·马奎特上尉接管了核动力潜艇奥林匹亚号。之后他花了 12 个月的时间研究了这艘船的每一个细节。然而，在最后一刻马奎特被换去指挥另一艘潜艇——圣达菲号。这次他只有 3 个星期的时间来研究圣达菲号，这个时间远远不够。这是舰队中性能最差的潜艇，留任率也最低，1998 年，船上只有 3 名重新应征入伍的船员，没有任何军官留任。上任后，马奎特将对这艘价值 20 亿美元的潜艇上发生的一切负全部责任。他需要在短短 6 个月内完成部署，而且他必须在不具备他最需要的东西（最高的技术能力）时做到这一点。

核潜艇是马奎特所说的“领导者—跟随者”模式的缩影。这意味着信息会沿链条向上传递给决策机构，决策机构又将命令向下传递给执行者。在这种情况下，这种领导方式的基础是领导对潜艇的深入了解。潜艇在任何时候的表现都只会和下达的命令一样。这是一种导致普遍怠工的领导方法，因为人们只能被动地听从上级的命令。正如马奎特在圣达菲号的训练演习中发现的，他的船员甚至会尝试执行毫无意义的命令，而不是质疑它们。他们不动脑子思考，因为系统阻止了他们的思考。通常马奎特可以下达严谨、正确的命令，但这次不是通常的情况。这艘船对他来说是完全陌生的。他缺乏专业技术知识，这意味着他不得不把控制权交给其他人，更多地依赖船员来反馈这艘船是如何工作的。

基于此，圣达菲号应用的不是被动的领导者—追随者模型，而是主动的领导者—领导者模型。马奎特用意图取代了低级的命令。他想要停止掌握控制权和培养追随者，并且开始给出控制权并培养领导者。这意味着当问题或挑战出现时，马奎特抑制了介入的冲动。如果领导者提供解决方案，就会剥夺员工自己寻找解决方案的机会，从而无法思考并成长为明天的领导者。通过后退和等待，马奎特请他的军官在认真思考后陈述他们的意图。这是一种授权和吸引人的方式，并且能够触及整个团队的思想，这意味着有 135 人在思考，而不仅仅是一两个人。

当听到“船长，我打算……”时，马奎特必须迅速确定两件事：对他们的任务，这样做是否正确？是否安全？他向下属提出这些问题的频率如此之高，以至于答案很快就成为下属意图陈述的一部分。正如毛奇元帅 150 年前所宣扬的那样，只有当人们具备必要的技术能力并与整体使命保持一致时，才能给予控制权。圣达菲号上的口号变成了：“不要将信息推给权威机构，而要将权威机构移动到工作一线。”由此，潜艇命运的所有权把握在了更多人手里，军官们开始像船长一样思考，更多的领导者被培养出来。

之后，圣达菲号潜艇通过了所有检查，并在马奎特上任后 6 个月内部署完毕。1999 年，其 36 名船员重新入伍，军官 100% 留任。该潜艇在整个美国海军中被评为最佳潜艇。而这一切都是在一个几乎不了解这艘船的船长的指挥下发生的。他通过挖掘每个人的潜力并培养各级领导者，实现了这一非凡的壮举。他通过交出而不是紧握控制权来做到这一点。这就是管理创新的力量。虽然这不是进行此类试验的传统环境，但圣达菲号潜艇的故事表明，当 135 条人命危在旦夕，且操作环境复合和多变时都能够实现这种转变，那么该转变也可以在任何愿意尝试的组织中完成。

4.4.3 领导者敏捷

1970 年，比尔·乔纳（Bill Joiner）和他的同事开始了一项长期的、分为 3 个阶段的研究项目——研究人类自我发展阶段、领导力以及全球数百名经理和领导者的情感和认知能力。他们的目标是了解伟大领袖的各种行为。历时 30 年在全球范围内的辅导、咨询和培训，帮助他们详细了解是什么造就了有效的领导者以及如何帮助人们成为有效的领导者。结果显示，领导者敏捷框架是实现有效领导的有力工具，领导者们越来越需要利用这个工具取得进步。

乔纳发现领导者敏捷性、组织敏捷性和业务绩效之间存在显著的相关性。他把这归结为两个原因。首先是世界变化步伐的加快——乔纳将这一现象归因于全球化、放松管制以及技术、社会、经济、环境和政治的变化。如前几章所述，这使得世界远不如从前那么可预测。乔纳在这里指出的第二个原因是工作和组织的复合性和相互关联性的增加。这意味着一小群人几乎不可能自己解决所有问题和完成战略规划——看到整头大象。从本质上讲，领导者敏捷性是关于更有效地应对世界日益增长的复合性、相互关联性和变化节奏，并帮助创建能够应对这些的组织。业务敏捷性与领导者敏捷性密不可分。要先实现领导者敏捷性，才能实现业务敏捷性。

领导者敏捷框架由 5 个发展级别组成。不能跳级，进入下一级意味着学习新的情感和认知能力，以支撑新的行为。已具备的能力会一直留存，这意味着处在最高级的领导者将具备处于较低级领导者的能力。以下是最常见的 3 个级别的领导者概述。

- 专家型领导者（Expert leadership）：专家是战术问题的解决者。他们专注于对其部门内的现有战略进行细小的、渐进的改进。他们相信他们的权力和合法性来自深厚的技术专长和他们的职位权威。他们往往是强大的指挥控制型微观管理者，对冲突和反馈的容忍度很低。在低复合性的稳定环境中运作时，专家型领导者可以发挥作用。大约 45% 的领导者在专家级别或以下（10% 在预备专家级）。
- 成就者型领导者（Achiever leadership）：成就者专注于战略和结果。他们相信他们的权力不仅来自专业知识，还来自激励他人在更长的时间内为更大的目标做出贡献。成就者型领导者往往在中度复合性的、中速变化的环境中更有效。他们可以应对战略的偶然变化。他们倾向于为战略寻求支持，但不太可能接受团队的意见。他们对冲突和反馈有适度的容忍度。大约 35% 的领导者处于成就者级别，他们通常是高管。
- 促变者型领导者（Catalyst leadership）：促变者是专注于促进和文化的远见者。他们认为领导者的工作是培育组织文化，赋予周围的人权力并促进他们的发展。他们鼓励开放、透明和参与。他们积极鼓励他人的反馈和投入，真诚地相信让人们参与到流程中将带来更好的解决方案和更高的敬业度。就像圣达菲号潜艇的船长一样，他们相信在高复合性和快速变化的环境中取得成功的唯一方法是发展能力和文化，并交出控制权，以便团队和组织能够应对任何可能出现的战略挑战。简而言之，他们相信业务敏捷性。大约 10% 的领导者在促变者级别。

> **思考**
> 你的组织是专注于管理创新还是遵循被视为标准的实践？是否有机会分权决策？这可能带来什么好处？在你的组织中，大多数领导者处于什么级别？专家、成就者还是促变者？

4.5 敏捷领导者：3 个关键的思维方式转变

从上述 3 个例子可以清楚地看出，近期的管理和领导创新案例之间具有一些共同特征，但也伴随着思维方式的转变。他们从不同的角度看待人，并寻求最好的处理复合知识的方法。这些转变可以概括为敏捷领导者的 3 个关键思维转变（见图 4–3）。

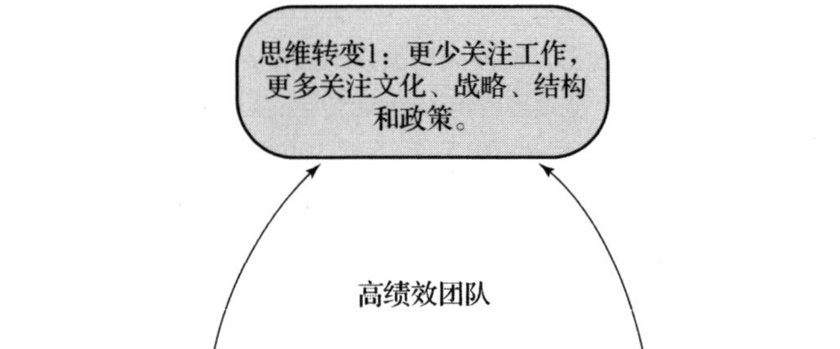

图 4–3　敏捷领导者的 3 个关键思维转变

思维转变 1：更少关注工作，更多关注文化、战略、结构和政策。在高度不确定环境中进行领导就是要认识到，那些为客户提供价值的人最知道该怎么做。通常，组织政策阻碍信息传达。敏捷领导者很像做园艺工作：不能拔苗助长；只有在适当的阳光、水分、土壤相结合的情况下，花草才会生长。伟大的园丁专注于创造最好的环境，然后让奇迹发生。

领导者的工作就是通过设计和改进可以高度投入使用并真正有效的系统来设定方向支持团队。正如威廉·爱德华·戴明（W.Edwards Deming）曾经说过的："糟糕的系统每次都会打败优秀的人。"

思维转变2：尽可能将决策权下放。这源于这样一种信念，即在进行复合的知识工作时，正是那些执行工作的人最了解如何实现给定的目标。一个普遍的担心是，给予控制权会导致人们走向不同的方向。这可以通过明确结果及其必须满足的约束条件来避免。领导者的工作是决定什么是最需要实现的目标，清楚地沟通并强化该目标，让自我管理团队决定如何最好地实现这一目标。考虑到这一点，应设法将权力下放和分配到最重要信息的所在地（见图4–4）。这不仅会带来更快的决策，还会带来更好的决策和高度敬业的团队。

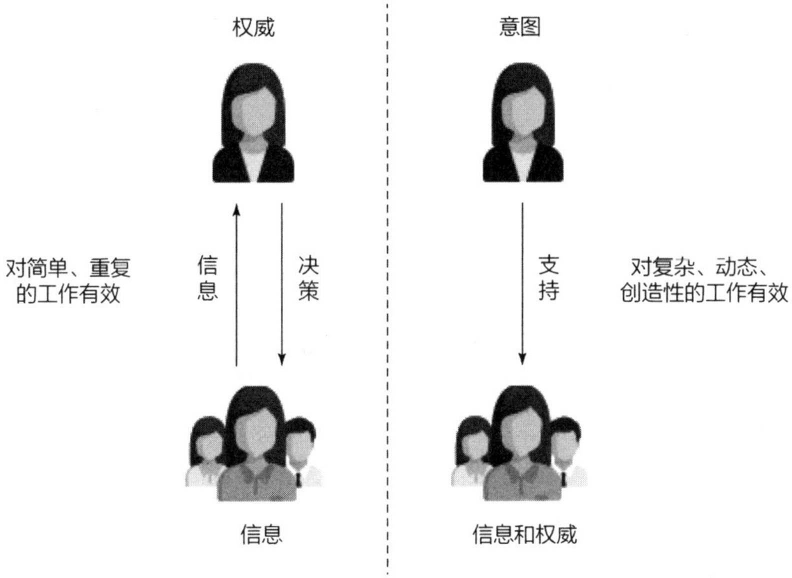

图4–4　权威和信息

思维转变3：鼓励和支持你周围人的成长和发展。伟大的领导者会确保周围的人一直在进步。他们将支持周围人的成长和发展视为自己的职责。毕竟，如果现在希望团队对实现成果拥有更多的自主权，他们必须具备有效实现目标所需的技能。领导者有责任确保这些技能到位，并填补任何缺口。只有当期望的结果和必要的能力一致时，才能给予更多的控制。领导者要抑制为人们解决问题的冲动，要帮助人们成长，让他们可以自己解决问题。伟大的领导者会培养更多的领导者。正如亚当·格兰特（Adam Grant）在《万亿美元管理导师》（*The Trillion Dollar Coach*）的序言中所写的那样："要成为一名出色的管理者，你必须成为一名出色的管理导师。毕竟，你爬得越高，你的成功就越依赖于让其他人成功。"这是对 21 世纪的领导者和管理层的完美总结。

思维方式的转变是一个过程。这是一段许多人已经踏上的旅程，未来也将有许多人需要踏上这段旅程。这不是在复制其他组织的做法。因为在一种情况下有效的方法在另一种情况下可能无效。组织必须采取一种试验性的、渐进的方法。它需要一种不同的思维方式以及新技能的发展。它通常与目前所教授的关于管理和领导的大部分内容背道而驰，因此忘掉之前所学的知识与学习新知识一样重要。寻求发展的组织必须首先认识到，一切都始于领导思维方式。一旦这些准备就绪，旅程就可以开始了，理想的情况是有一个结构化的领导发展计划。

思考

你所在组织的领导者如何看待敏捷领导者的 3 个关键思维转变？如果对接受这些思维转变存在恐惧和抵制，那背后的原因是什么？如何减少恐惧？是否有计划来培养能够体现这些行为的领导者？转变如何能慢慢融入日常互动中去？

本章小结

- 我们所知的管理出现在第二次工业革命期间，当时 VUCA 水平大多很低。它主要涉及将思考、计划和决策从执行中分离出来。
- 如果工作很容易被非实际执行者理解且需要较少决策时，传统的管理方法不错。然而，一旦工作变得复合、不可预测且具有创造性，就必须将决策推到信息所在的位置：与那些执行工作的人在一起。

- 在高 VUCA 水平的环境中，分散决策将带来更快、更有效的决策。
- 为了让领导者放弃控制权，必须使要实现的目标和如何实现目标的技术能力保持高度一致。领导者的工作是确保这些东西到位，同时支持组织文化、政策和结构的构建。

业务敏捷性的关键实践

- 有意识地将关注点从如何完成工作转移到为团队创造有效的环境上面来。
- 将大部分时间花在创建正确的文化、结构和政策上，并清楚地阐明组织运营系统中的一致性战略。
- 通过优化快速反馈和频繁纠偏（而不是僵化的计划和效率）来拥抱不确定性。
- 尽可能分散决策制定权，让权力流向团队以及最接近工作和客户的人。
- 花时间指导你周围的人，帮助他们发展和成长。
- 开始一项结构化的领导发展计划，并不断寻求有关你工作有效性的反馈，以期在该角色中发展和成长。

| 第 5 章 |

组织文化

在 IBM 公司工作期间，我逐渐意识到文化并不仅仅是游戏的一个方面，它就是游戏本身。

——路易斯·郭士纳（LOU GERSTNER），IBM 前董事长兼首席执行官

在本章中，我们将探究：

- 文化对组织效率的影响
- 如何定义组织当前的和期望的文化
- 哪些文化类型最符合业务敏捷性
- 如何巧妙地转变组织文化

5.1　为什么文化很重要：一个汽车厂失败的教训

在 20 世纪 60 年代，通用汽车公司（GM）占有超过 50% 的美国汽车市场。从那以后的几十年里，这个数字一直被国内外的竞争对手侵蚀。2015 年，该市场份额仅为 18%。下面这个故事可以为过去 50 年发生的事情提供一些线索。

故事开始于 20 世纪 80 年代初位于加利福尼亚州弗里蒙特的一家通用汽车工厂。说这是一个问题工厂已经比较委婉了。弗里蒙特装配厂是通用汽车公司业绩最差的工厂。在整个通用汽车公司中，它的生产力和生产质量都是最差的，劳资关系更糟。

负责管理全美汽车工人联合会（UAW）西部地区的布鲁斯·李

（Bruce Lee）发现的问题更严重。尽管整个美国汽车行业的劳资关系都非常不好，但李认为弗里蒙特的工人更糟糕。事实上，他们被普遍认为是美国汽车行业中最糟糕的员工。当时，在工厂内真的任何事情都会发生。人们会在工作中喝酒、抽烟和赌博。任何东西都可以出售，甚至包括毒品和性。工人们还会故意破坏汽车，从把松动的螺丝钉、瓶盖和吃了一半的金枪鱼三明治留在仪表板后面，到刮花汽车，再到极为危险的行为——一名工人弄松了 400 多辆汽车的前悬架螺丝钉。

工人们试图通过攻击产品来损害公司。他们的这种行为不会受到惩罚，只是因为得到了全美汽车工人联合会的维护。工会的策略是让管理层陷入员工的抱怨中。每当管理人员试图解决任何问题时，他们都会收到更多的报怨。很快，工人们花在抱怨和罢工上的时间就超过了制造汽车的时间，而且工厂几乎不可能解雇任何人。有了这个安全网，旷工率飙升至 20% 以上。这一切或许是泰勒的科学管理与工会运动碰撞的必然结果。不出所料，到 1982 年，通用汽车的经理们已经无法忍受。工厂关闭，5 000 人失业。

然而，故事并未到此结束。第二年，通用汽车公司开始与其竞争对手丰田公司（Toyota）谈及新建一家合资企业。政府废气排放指南的出台意味着通用汽车必须生产小型汽车，但该公司在小型汽车业务上是亏本的，而且生产的汽车质量很差。丰田公司可以帮助通用公司制造高质量、可获利的小型汽车，同时向它传授备受推崇的丰田生产系统，就像可口可乐公司分享其秘方一样。通用汽车公司渴望学习到丰田的秘诀。从丰田的角度来看，迫在眉睫的进口限制意味着它需要学习如何在美国本土制造汽车。通用汽车可以帮助它解决这个问题。因此，这两个竞争对手成立了一家名为新联合汽车制造公司（NUMMI，New United Motor Manufacturing Incorporated）的合资企业。

新公司的地点被选在当时刚关闭的弗里蒙特装配厂。仍然代表全美汽车工人联合会的李（Lee）被邀请与丰田公司董事长丰田英二（Eiji Toyoda）座谈。李坚信工人本身并不是坏人，他们只是恰巧被困在一个糟糕的系统中。李坚持先雇用原工厂中的 50 名员工。通用和丰田双方都勉强同意了该要求。尤其是丰田的经理们一直相信他们的系统可以把“坏”工人变成“好”工人，所以他们认为这是合理的。然而，李选雇了原工厂中最叛逆的员工。新联合汽车制造公司于1984年开业时，85%的工人曾经一直在原工厂工作。想想看，得有多勇敢的人才会在此时敢预言合资企业能成功。

在开业前夕，工人们以小组为单位飞往日本，学习新的汽车制造系统，即丰田生产系统。他们与日本同行并肩工作了两周，学习那里的工作方式。回到弗里蒙特后，他们开启了故事的新篇章。不久，雪佛兰新星（Chevy Nova）在新联合汽车制造公司成功下线，且总体业绩数字明显比以前好，缺陷率是美国最低的，与日本产的汽车缺陷率持平。产量的增加带来成本的直线下降，生产效率是通用汽车公司中最高的。据估计，在旧系统下生产相同的产量需要两倍的劳动力。之前一度高达20%的缺勤率现在急剧下降到只有2%，士气达到创纪录的高位。多年来，人们第一次享受到工作的乐趣。让这些员工成为一起解决问题的团队中的一员对他们来说是一种赋权。人们从对自己生产的汽车质量感到羞耻变成了感到自豪。有人甚至将个人联系方式留在停车场汽车的挡风玻璃上，征求车主对汽车的意见。

从新联合汽车制造公司的故事中可以清楚地看出，文化可以对组织的效率产生巨大的负面或正面影响。在《企业文化与经营业绩》（*Corporate Culture and Performance*）一书中，作者詹姆斯·赫斯克特（James L. Heskett）和约翰·科特（John Kotter）描述了一项为期11年的研究，其中公司的业绩与文化的相关程度令人震惊。他们观察到，在研究中那些不拥有能提升业绩的文化的公司，其股票价格在11年间平均增长74%，净收入增长1%。相比而言，那些真正拥有能提升业绩的文化的公司，这两个数字分别跃升至901%和756%。

很明显，文化很重要。同样明显的是，文化挑战是所谓的敏捷转型过程中的最大障碍之一。正如第3章中提到的，在2019年发布的第13版年度敏捷报告中，对“采用和推广敏捷时遇到的挑战”这一问题的最常见答案是“组织文化与敏捷价值观不一致”。52%的受访者选择了这个答案。在我访问的几乎每个组织中，这都是同样的挑战，而且通常情况下组织很少采取措施来解决这个问题。与敏捷性的许多其他障碍一样，它在很大程度上被忽视了。事实上，在新联合汽车制造公司发生的这种文化转变在企业界很少见。让新联合汽车制造公司更加引人注目的是，这种转变是由相同的工人在同一家工厂中使用相同的机器实现的，而就在两年前，这家工厂已经惨败。这个故事说明了这种模糊的文化概念有多么强大，同时也证明了在适当的条件下，文化的巨大转变确实是可能的。在接下来的部分中，我们将更深入地探讨这些概念以及新联合汽车制造公司的管理人员怎样在如此短的时间内取得看似奇迹般的结果。

> **思考**
> 在你的组织中，领导层对组织文化的关注程度如何？人们是否意识到强大的文化对业务绩效的影响？

5.2　塑造文化：让有形变成无形

尽管麻省理工学院斯隆管理学院的前教授埃德加·沙因（Edgar Schein）将组织文化概念引入世界，但如果让 10 位领导力大师来定义文化，你可能会得到 11 种不同的答案。现代的“文化”一词是基于古罗马演说家西塞罗（Cicero）提出的“cultura animi”一词，这个词来自农业，比喻哲学灵魂的发展。如今 2 000 多年过去了，它仍然是一个很难理解的概念。我倾向于使用来自罗伯特·奎因（Robert Quinn）和金·卡梅隆（Kim Cameron）对文化的定义。他们将文化描述为组织中蕴含的一套理所当然的价值观、基本假设、期望、集体记忆和定义。

这个对文化的定义是对组织内的集体思维方式以及工作方式的潜在描述。因此，文化构成了组织底层操作系统的关键部分。在一个组织的运行中，文化并不总是很起眼，但它会对结果产生巨大的影响。传奇管理大师彼得·德鲁克（Peter Drucker）有句名言：“文化能把战略当早餐吃掉。”他的意思并不是说战略不重要，而是正如我们在新联合汽车制造公司的故事中看到的：文化更重要。事实上，我甚至会说：没有什么可以克服不良文化，没有什么是好文化不能克服的。与敏捷性的6个推动因素中的任何其他因素相比，文化对组织的几乎所有其他部分都会产生影响，同时也被影响着。正如奎因在其书中所写：“当我们仔细审视文化和领导力时，我们会发现它们是同一枚硬币的两面，任何一面单独都不能真正被理解。”对此我表示同意，但我要补充的是，人员和敬业度（涵盖了业务敏捷性人力资源的许多方面）也同样如此。领导力、文化和人力资源紧密相连，以至于没法用相互独立、完全穷尽的方式来划分这些因素。我根据在业务敏捷性领域多年的教学和咨询经验做出了上述的划分，但请记住，这些因素之间存在重叠。

如今在学术研究的范畴存在很多文化模型，从文化网模型到施耐德文化模型，再到莱卢文化模型等。在尝试了许多模型后，我发现在组织提高业务敏捷性时最有效的模型是竞争价值观框架（CVF，Competing Values Framework）。这有很多原因：首先，这个框架基于40多年关于组织有效性的深入学术研究；其次，它已经在10 000多个组织中使用过并得到了验证；最后，它使用简单，只用了6个属性代表组织有效性。它还有一个轻量级的评估工具，可以在组织或部门内轻松应用。这使得该工具非常实用，并能为领导者提供真正的洞察力。科学严谨性、使用广泛性和实际适用性的结合使竞争价值观框架成为迄今为止最有效的模型。

竞争价值观框架本身其实很简单，它有两个主要维度。第一个是稳定性—灵活性维度。一些组织认为，如果具有很高的稳定性和控制性，组织就是有效的。在此基础上建立的组织往往具有清晰的结构、规则、计划和预算。他们相信世界是可以被理解、预测和严格控制的。持此观点的组织往往是大部分工作在利用领域的组织实体。还有一些组织持有相反的观点。他们相信，如果具有很高的灵活性和适应性，组织就是有效的。在此基础上构建的组织往往更关注人员和活动，而不是流程和结构。他们可以对不断变化的环境做出快速反应。他们坚信世界是无法预测或控制的。持此观点的组织往往是在探索领域执行大量工作的组织。

第二个主要维度是内部—外部维度。具有内部导向的组织往往主要关注内部的协作、整合和协调。外部导向的组织主要关注市场、客户、竞争对手和技术趋势。

每对价值观（稳定性—灵活性、内部—外部）的竞争性质意味着你不能同时坚持两者。两者之间有矛盾。根据定义，一种价值观更多就意味着另一种价值观更少。这两个主要维度共同构成了四个象限，代表了组织有效性指标的不同集合（见图 5-1）。它们是进行判断所依据的核心价值观。每个象限对价值驱动因素、领导类型、有效性理论和变革方法都有不同的看法。现在我们来看看这四个象限。

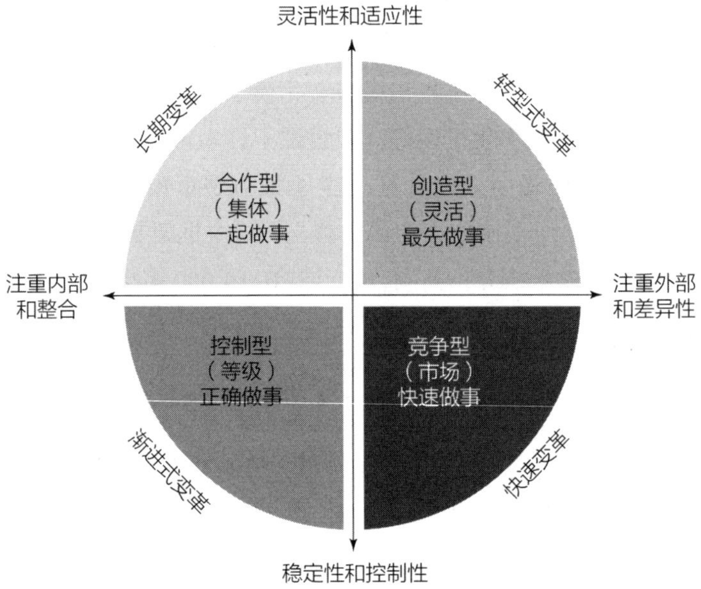

图 5-1 竞争价值观框架

5.2.1 控制型文化

控制型文化本质上是结构化和过程导向的。规则和程序指导人们做事。最重要的是保持组织的平稳运行。其价值特征是效率、标准化、可预测性和结果的一致性。控制型文化通常有严格的治理、对职位权威的强烈尊重、明确的决策路线以及对信息的严密保护。在 19 世纪末和 20 世纪初出现的这些类型的组织是基于管理的内部过程模型（the Internal Process Model）和我在第 4 章中讨论的早期管理先驱弗雷德里克·泰勒、马克斯·韦伯和亨利·福特的工作。我们看到特别突出的是韦伯的科层制的六个特征：等级制度、专业化、正式选拔、规章制度、非个人化和职业导向。控制型文化中的典型领导者是密切监控一切的微观管理协调员。根据第 4 章中描述的领导敏捷性框架，这样的人应该被称为专家型领导。这类领导的变革方式往往非常谨慎和渐进，像婴儿学步一样。直到 20 世纪 60 年代，几乎每本关于管理的书都是基于这种文化。

控制型文化通常出现在医疗、银行、保险、政府和交通运输等部门。在这些历来发展相对缓慢且高度监管的行业中，一致的输出至关重要，错误的成本很高，而创新的必要性很低。

5.2.2 竞争型文化

竞争型文化本质上具有竞争和结果导向性，认为最重要的是声誉和成功。人们高度专注于竞争力和目标。其价值特征是成长、市场支配地位、成就和上市速度。快速为客户提供价值并密切关注竞争对手的愿望使组织将关注点放在外部。人们通常会专注于招聘最优秀的人才，并通过提供成长和晋升机会向他们施加压力，使其取得进步。对胜利的强调使人们团结在一起。竞争型文化出现于 20 世纪初，与管理的理性目标模型（the Rational Goal Model）高度一致。竞争型文化中的典型领导者是有干劲、指令性强和有好胜心的。他们对员工提出苛刻的要求，但也给予极大的奖励。根据第 4 章中描述的领导敏捷性框架，此类人应该属于成就型领导者。在这种文化中，变革往往是迅速实施的，但往往是浮于表面的。

竞争型文化往往存在于销售、咨询、会计等服务行业。这些行业历来变化速度和复合性水平都比较适中，尤其重视市场份额和盈利能力。

5.2.3 创造型文化

创造型文化本质上是充满活力和创业精神的。这是一个具有冒险倾向的高度创造性的环境。试验、学习和创新是创造文化的命脉，推出成功的新产品和服务是重中之重。自由、主动和打破规则在这些环境中司空见惯，即使犯错也没关系。创造型文化强调远见、高透明度和信息的自由流动。创造型文化与管理的开放系统模型（the Open Systems Model）高度一致。创造型文化中的典型领导者是有远见的创新企业家。他们以强烈的愿景鼓舞人心并激发人们的想象力。他们倾向于冒险并接受不确定性。根据第 4 章中描述的领导敏捷性框架，这种文化中的领导者将被描述为促变者领导。这类文化下的变革方式往往是彻底的、激进的，并且通常会得到强力实施。

创造型文化往往出现在技术驱动的行业、初创企业、时尚公司和颠覆性服务行业。这些行业往往受到高速变化和复合性环境的影响。在这种环境中，创造新知识、原创产品和服务对持续成功至关重要。

5.2.4 合作型文化

合作型文化本质上是友好和以人为本的。具有合作型文化的团队往往给人的感觉像是一个具有强烈团体意识的大家庭，忠诚度、信任度和参与度都很高。这类文化推崇团队合作、协作和共识。团队是高度自治、跨职能的，可以一起解决复合性的问题。在高度复合且快速变化的环境中，人员和团队的成长和发展很受重视，这样他们就可以应对出现的任何战略挑战。合作型文化主要从 20 世纪中叶开始出现，与管理学中的人际关系模型（the Human Relations Model）高度一致。合作型文化中的典型领导者是高度以人为本的导师、促进者和团队建设者。根据第 4 章中描述的领导敏捷性框架，这类人应该是促变者领导。这类文化下的变革方式往往是长期的。合作型文化着眼于未来。

合作型文化往往出现在医疗保健、教育和非营利组织等部门以及家族企业中，同时也存在于快速变化和高度复合的环境中，其工作会涉及最适合通过团队合作、共同的价值观、信念和目标以及高敬业度来解决的问题。

表 5-1 总结了上述四种文化类型。这里的重点是所有象限都有取值，且每个组织都有自己独特的所有四个象限值的组合。这种组合将勾勒出一个组织的文化概况。有关大型传统组织的典型概况，请参见图 5-2。

表 5-1　竞争价值观框架文化类型

	控制型（Control）	竞争型（Compete）	创造型（Create）	合作型（Collaborate）
方式	正确做事：消除错误	快速做事：竞争，快速行动，为了获胜	做创新的事：创造、创新、展望未来	一起做事：建立团队，人员很重要
价值驱动因素	效率、一致性、可预测性、连贯性	市场份额，增长，利润率，目标达成	创新、新产品和服务、创造性、敏捷性、转型	发展、增长、团结、沟通、参与
决策方式	细节分析——预先确定	快速决策——分析问题解决方式	试验——大量尝试并且快速学习	集体智慧——多人参与
有效运作的环境	稳定、低速变化的环境，其中连贯和可预测的输出很重要	中速变化和中度复合的环境，其中市场份额和利润率尤其重要	快速变化和高度复合的环境，其中创造新知识和产品很重要	快速变化和高度复合的环境，其中问题通过团队工作、共享价值观以及高敬业度得到最有效解决
领导类型	微观管理者、协调者——专家领导	强硬的推动者、竞争者——成就者领导	有远见的创业者——促变者领导	导师、促进者——促变者领导
与业务敏捷性的兼容性	低	低到中等	高	高

文化没有好坏之分。然而，有些文化类型在某些领域和行业往往更有效。遗憾的是，它并不总是那么黑白分明。技术驱动的银行应该主要位于控制型象限还是创造型象限？这就要引入亚文化的概念。不同的部

门可能有不同的文化类型，这是正常的。在银行内部，法律与合规部拥有强大的控制型文化是合理的，销售部和营销部可能属于竞争型文化，而数字和技术部门又属于创造型文化。遗憾的是，在实际工作中经常是在整个组织中强加了一套通用的政策、结构和实践，这导致了一种通用型文化。在利用领域的文化会偏向于控制型和竞争型。因此，大多数组织经常遇到无法创新和无法适应不断变化的环境的问题。

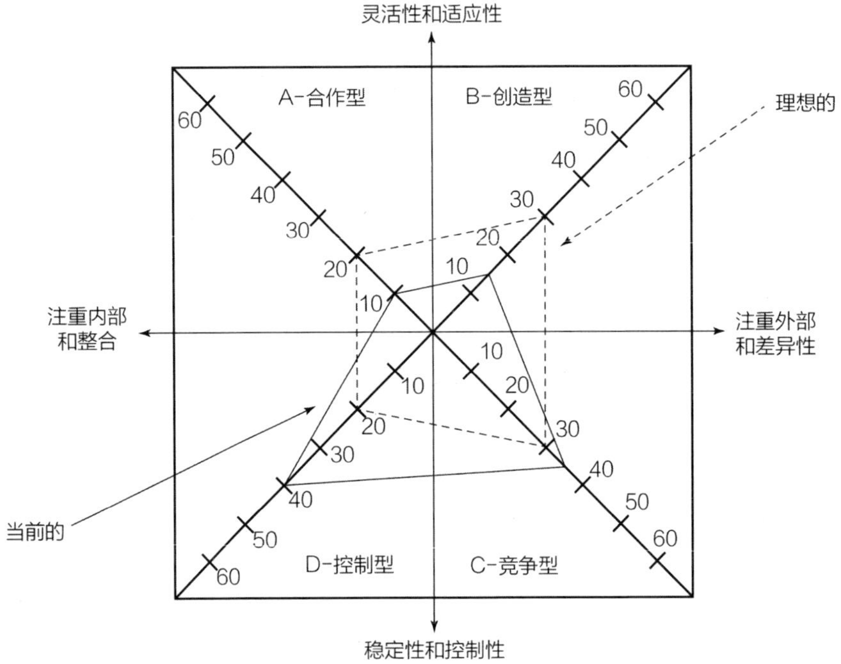

图 5-2　典型的竞争价值观框架

如果我们将《敏捷软件开发宣言》（见第 2 章）中的四个价值宣言映射到竞争价值观框架中，我们会看到作者建议我们少关注的大多数项目（流程和工具、完备的文档、合同谈判、遵循计划）位于左下角的控制象限（见图 5-3），而需要我们更多关注的项目（个人和互动、工作软件、客户合作、响应变化）的位置方向是向上和向右。这就是说，要实现业务敏捷性、掌握探索领域、更具创新性并在高 VUCA 水平的环境中生存，组织需要减少对控制和竞争的关注，并增加对创造和合作的关注。这并不奇怪，因为它表示对适应性和客户的关注度提高了。

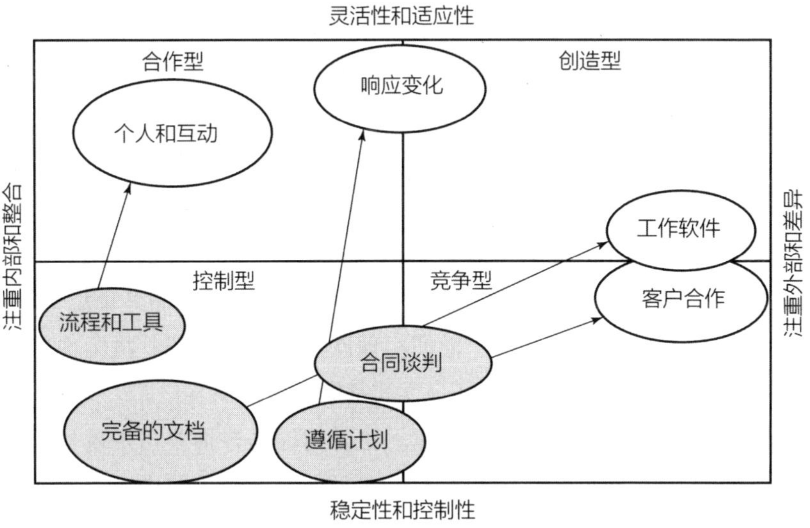

图 5-3　竞争价值观框架上的敏捷价值观

我真正感到惊讶的是，许多开始“敏捷转型”的组织都将强大的控制型和竞争型文化作为它们当前的文化形象，并且似乎并不想去改变。这说明它们最看重的是稳定性和控制性。那么，为什么要尝试采用专为完全相反的适应性而设计的模型呢？在这种情况下，存在摩擦、阻力和不愿意进行必要的结构改变是一定的。它们没有对这些文化做出必要的变革，因为它们并没有真正重视文化变革将带来的结果。通过转向灵活性和适应性，组织正在远离它们最看重的稳定性和控制性。这对它们来说是无法接受的。以我之见，这就是组织中的反对力量摧毁变革的开端。这就是为什么这么多转型失败的原因。没有相应的文化转型的敏捷转型最终必然走向失败。

当谈到任何提高敏捷性的尝试时，我往往会看到重复在犯的三大错误。在我工作过的几乎每个组织中我都见过它们。我在独立咨询公司，尤其是在大型咨询公司中也见过这些错误。除了未能强调敏捷性的所有6个促进因素之外，这三大错误代表了行业中最大的失败。我认为，它们都源于缺乏如何评估文化的意识，以及无法做出成功转型所必需的基于情境的决策。

第一个错误是将敏捷性强加于任何更看重稳定性的实体或单位。就像私人教练在不了解你健身目标的情况下设计训练计划一样，这是一个特别危险的错误。希望增强力量和肌肉的人不会减少卡路里摄入并每天跑10英里[①]。推行一个不能让客户得到其真正重视的东西的解决方案注定会失败。许多企业客户要求提高敏捷性，但是当你作为咨询顾问深入了解他们的核心价值观时，会明显地发现这实际上并不是他们真正想要的。认识到这一点并提出一些有助于他们实现既定结果的建议，将为他们节省大量时间、精力和金钱。其他任何方式都服务不好该客户。

第二个错误是预先打包解决方案。我看到许多咨询公司带着他们用以提高敏捷性的首选模型从一个客户走向另一个客户。其中一些方法是开箱即用的框架，而另一些方法则是许多不同框架和技术拼接在一起的弗兰肯斯坦怪物（Frankenstein's monster）[②]。其中一些可能在特定环境中运行良好，而另一些则可能在完全不同的环境中运行良好。问题在于这些咨询顾问假设在一种文化中行之有效的方法在另一种文化中会同样有效。但有时恰恰事与愿违。开箱即用的解决方案当然很有吸引力，但它们只有与应用它们的组织的核心价值观和预期结果相一致时才有用。在特定的情况下，其他方法可能会更好地为客户服务。

第三个错误涉及变革的方式。人们总是乐于讨论到底哪种变革方式最好。大爆炸式变革（kaikaku，突破性改善，起源于丰田公司的日本术语）最好？还是更渐进的方式（kaizen，持续改善）引发的阻力更小？事实是，两者都是对的，但两者也都错了。因为答案需"视情况而定"。每种文化类型对变革都有不同的态度。大多数情况下，我看到人们试图在

---

① 英里：英制长度单位，1英里约合1.6千米。

② 弗兰肯斯坦怪物是指小说《弗兰肯斯坦》中的拼接成的人形怪物。——译者注

控制型的文化中进行重大的、革命性的转型时，由于转型对他们来说风险太大，他们对改革前景一般持谨慎的态度并采用渐进的方式，从微小的、尝试性的改变和最初不会破坏已建立的组织结构、政策和职位的方法开始。然而，向在创造型文化中的人们建议采用渐进的方式来变革会使他们感到沮丧。他们渴望变革，而不是演进。这种文化更乐意接受对已建立的文化、结构和工作方式进行翻天覆地的改变。

打包解决方案和标准采用手册完全忽略了文化这一方面。为避免这些错误，咨询顾问应使用文化评估工具来检查与你合作的组织是否真的重视敏捷性，找到与这些价值观一致的方式，并使用适当的变革方法来实现这一目标。所有这些都涉及经验、思考以及与客户共同创建解决方案，而不是机械地把在一家企业成功实施的模型搬到另一家。在此基础上，再加上对所有 6 个业务敏捷性促进因素的真正关注，我相信成功率会大大提高。我们将在第 10 章介绍如何启动变革以取得成功。

思考

你认为你所在组织中的主要文化类型是什么？你认为哪种文化类型应该占主导地位？这种文化类型与业务敏捷性的一致性如何？鉴于你所在组织的主导文化类型，你的组织可能会采用什么方式进行变革？

5.3 文化转型：通过“不变”来改变

了解转变组织或部门文化的必要性相对容易。绘制当前和理想的文化也很容易。然而，从一种文化类型转向另一种文化类型可没那么容易。首先要说的是，文化不受组织内任何人的直接控制。就像墙上的影子一样，文化是一个结果，一个滞后的指标。要改变影子，人不能直接改变影子，只能改变造成影子的事物，随后影子才会改变。同样，要改变一种文化，人们不能直接改变文化，只能改变塑造文化的行为活动，文化才会随之发生变化。塑造文化的行为活动是领导者可以直接控制的。文化变革的杠杆也正是这些行为活动。只有通过这些间接的杠杆，一种新的文化才能出现。约翰·塞登（John Seddon）是这样说的："试图改变组织的文化是愚蠢的，总会失败。人们的行为（文化）是系统的产物；当你改变系统时，人们的行为就会改变。"正如我们将在第7章中看到的，员工敬业度具有相同的性质，它不是可以直接拉动的杠杆，而是拉动许多不同杠杆的结果。

在之前提到的新联合汽车制造公司（NUMMI）的故事中，我们可以了解快速改变组织文化的最有效方法。新联合汽车制造公司的管理人员是如何让一群工人（其中一些人的行为处于犯罪边缘）团结在一起，甚至让他们为工作感到自豪的？美国最差的汽车厂是怎么在短短一年内变好的？工厂本身、设备和工人这些硬件没有变，改变的是文化这个软件。即使使用相同的硬件，软件的变化也会带来完全不同的结果。圣达菲号潜艇的故事讲的也是同一个道理。同样的船员操作同一艘潜艇，结果是从最差变为最好。它也是在相同的硬件上运行不同的软件，并取得了非凡的成果。那么问题就变成了，如何才能改变文化这个软件？

约翰·舒克（John Shook）的原籍是美国田纳西州，在20世纪80年代初移居日本以追求他迷恋的日本管理方法。他受雇于丰田公司，在丰田生产系统中培训美国通用汽车公司的工人。舒克对新联合汽车制造公司的文化发生如此彻底转变的方式深有感触。在他的一篇有影响力的文章《如何改变文化：来自新联合汽车制造公司的教训》中，舒克试图通过创建金字塔模型（见图5-4）来呈现他所学到的东西，结果证明该模型

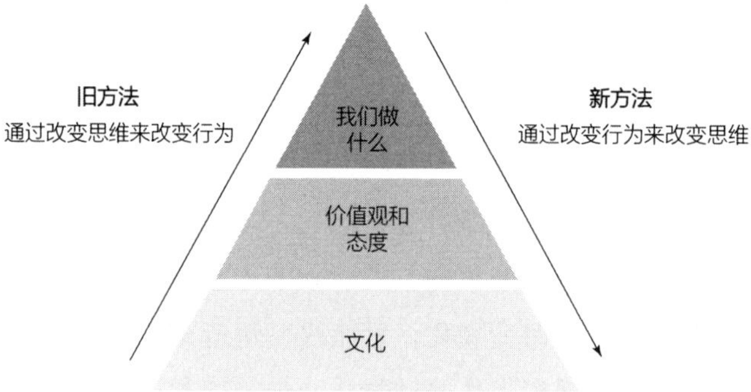

图5-4 如何改变文化

非常类似于艾德佳·沙因（Edgar Schein）创建的模型。沙因观察到，传统的文化变革方法是自下而上的。它始于寻求改变人们的思维方式，这反过来又会改变他们的价值观和态度，最终引导人们开始做正确的事情。

然而，舒克在新联合汽车制造公司所观察到的情况却恰恰相反。管理者从改变行为（即人们做什么）开始。在力图改变文化时，第一步是确定所需的行为，然后改变系统、结构和激励措施以引发这些行为。由于行为方式不同，人们会获得新的见解，从而引起价值观和态度的改变。最后，文化因嵌入了这些新行为和习惯而发生变化。

为了说明这一点，我们将探讨丰田与众不同的文化，以及它对质量的承诺。虽然通用汽车也在追求高质量，但它激励的方式导致了相反的结果。当时，大多数美国工厂在新联合汽车制造公司出现之前的主要规则是"永不停止生产线"。无论发生什么，无论遇到什么问题，生产线都必须继续运行。甚至有人曾经跌倒在坑里，生产线还在继续。如果有人发现问题并停止了生产线，那这个人就会被解雇。这是毫无疑问的。这个系统是由亨利·福特于 1913 年开始实施的，目的是最大限度地提高产量。如果有质量问题，稍后会有其他人来处理。旧弗里蒙特装配厂的工人说，发动机安装落后、方向盘缺失和刹车故障问题都进入了生产线。工人们的问题是，即使他们想解决问题，也没有办法做到。他们无法停止生产线，因此问题只是转移到下一个工作站。所有质量问题留到最后来解决会增加成本，而工人拆开汽车来修理往往会造成更大的破坏。

当丰田公司与通用汽车公司合作时，他们并没有通过花费数周时间强调质量的重要性来解决该问题。他们实施了一个使行为改变的系统。该系统就涉及了安东绳（一根细细的尼龙绳，用钩子挂在汽车装配线上）。在日本，当丰田公司的工人在生产中发现问题时，他们就拉下安东绳。然后他们会在一分钟内得到团队领导的帮助。如果问题无法马上得到解决，整条生产线就会被叫停，直到问题得到解决。当通用公司的经理质疑赋予工人停止整条生产线的权利是否明智时，丰田公司的经理回答说："一旦工人发现问题，停止生产线就不是权利而是义务。"这一变革使仅在一年前还故意破坏他们制造的汽车的工人感到如此自豪，以至于当他们在停车场偶遇这些自己生产的汽车时，会将电话号码留在汽车的挡风玻璃上。该系统还使新联合汽车制造公司拥有美国汽车行业最高的质量水平。他们在团队合作和不断改进工作完成方式方面也实施了类似的行为改变。

我在第4章中讨论过的大卫·马奎特船长在圣达菲号潜艇上进行了和约翰·舒克类似的观察。他观察到，行为变化（即使是很小的变化）会对潜艇文化产生重大影响。马奎特对船员们在提到彼此时经常使用“他们”这个词感到不满，他宣告：“圣达菲号上没有‘他们’。”为了阐明观点，他实施了一项规则，即在提及其他船员时任何人都不能使用“他们”这个词。马奎特认为这个词强化了“我们”和“他们”在船上的感觉。当然，从词典中删除“他们”并留下“我们”是一个明智的选择。突然间，内容就变成了“我们没有给消防水带加压”“我们没有更换热像仪上的电池”。大约6个月后，一名高级军官来检查这艘船。他立即向马奎特宣布，圣达菲号潜艇展现了他所见过的最令人惊叹的团队合作和团结的文化。马奎特开玩笑说他们没有文化，他们只是有一项规则。

从上述两个例子可以清楚地看出，行动必须先于其他任何事情。按照人脑的工作方式这是有道理的。任何试图养成新习惯的人都知道，仅仅意识到某物的价值并不会改变一个人的行为。当谈到抛弃坏习惯和建立新习惯时，问题很少是因为缺乏知识。功能性核磁共振成像显示，是我们的行为及与之关联的情绪形成并增强了神经通路。伴随着接收到的积极刺激，新动作执行得越频繁，这些动作继续执行的可能性就越大。例如，对健康有益的认识不足以激励大多数人养成健康的习惯。开始锻炼，然后接受内啡肽的积极刺激，总体感觉和看起来更好，将使一个人更有可能继续锻炼。随着时间的推移和新观点的出现，对健康的价值观及态度就会开始转变。这甚至可能体现在其他新行为上，例如吃得更好，因此这个过程又开始了。这就是为什么新联合汽车制造公司和圣达菲号潜艇的文化发生如此巨大变化的原因。它不是通过谈论改变文化引发转型，而是通过实施和强化新的行为进行转变。然后一种新的文化就出现了，就像在阳光下跟随物体运动的影子一样。

5.4 超越语言：为敏捷创造环境

提高组织的敏捷性几乎总是需要相应的文化转型，而文化转型需要行为的改变。从新联合汽车制造公司和圣达菲号潜艇以及其他数千个示例中都可以看出，行为改变需要对完成工作的环境进行无数次改变。这些可以概括为改变行为和文化的五个关键杠杆。

- 结构：团队的组成，团队成员之间以及与其他团队之间的协作方式
- 政策：规范行为的规则，包括费用、着装要求、如何投资产品、如何做出决策
- 激励：薪酬、奖金和晋升方面奖励的是什么
- 指标：衡量、跟踪因而被重视的是什么
- 领导行为：可观察到的领导者和管理者的行为

这些文化变革的杠杆在所有6个促进因素中不同程度地存在。在大多数组织中，它们往往最受高层领导的影响。因此，文化变革必须由最高层推动。这不是可以授权他人做的事。自下而上的文化变革不太可能生根发芽，因为相关的政策变化不会支持、促成或强化新行为。在变革中，领导者必须表现出体现这种新文化的行为。正如本·霍洛维茨（Ben Horowitz）在其著作《你所做即你所是》（*What You Do Is Who You Are*）中所言："要使一种文化得以坚持，它必须反映领导者的实际价值观，而不仅仅是他认为听起来鼓舞人心的价值观。因为领导者主要通过他的行为来创造文化——以身作则。"

考虑到这一点，我们现在将使用上述5个杠杆来探索文化变革的一些常见模式。为了使讲述更生动，我将使用图5-2中显示的文化概况中的示例，因为从控制型和竞争型文化略微转向创造型和合作型文化是一个共同的愿望。我们要牢记，削弱一种文化类型并不意味着完全放弃它。每种文化类型都有价值，所有组织都需要每种文化类型的某些要素。即

使是大部分位于“创造型”象限中的最具创新性的公司，也需要让它们的供应链和运营平稳高效地运行，这是控制型文化中更为原生的要素。问题是，改变多少才足够？这对每个实体来说都是不同的。现在，让我们讨论如何朝着支持业务敏捷性的方向前进。

5.4.1 削弱控制型文化特征

观察这种文化变化在圣达菲号潜艇上是如何发生的很有趣。听起来好像是当马奎特船长接任时，船上有很强的控制文化。有严格的指挥系统、许多规章制度，决策基于过程而不是思考。现在，一艘核潜艇总是需要一种健康的控制型文化特征，但随着决策权的分散以及专注用更清晰的方式和技术能力来培养员工，这艘船似乎显著转变成了合作型文化。在这么强大的控制型环境中，最简单的成功转型方式就是找到不必要的规则和程序并将其作废。少一点控制、多一点信任能带来的改变是相当惊人的。在圣达菲号上，马奎特放弃的一个首要决定就是在船上的菜单上签字。为什么船长需要决定晚餐配什么类型的米饭？

从小处着手是渐进式变革方法的一个标志，它在控制型文化中应用的效果很好。这可能包括放松着装规范或时间跟踪、废除不必要的报告和批文以及有意识地将决策权下放给一线。这有助于减弱团队执行的标准化程度。让所有团队以相同的方式工作并使用相同的工具可能会显得整齐划一，但通常也是无效的。赋权给团队去找到适合工作的最佳流程和工具，而不是强制执行统一性，少一点对流程的关注，多一点对合作的关注会大有裨益。专家型领导必须设法扩展自身的技能储备，并朝着成就者领导迈进，最终成长为促变者领导。

5.4.2 削弱竞争型文化特征

为什么有如此多的组织崇尚竞争型文化？一个关键原因是存在大量的可衡量的竞争指标。业务增长、盈利能力和市场份额都是很好的、可衡量的目标，但在争相到达目标的过程中，更定性的因素很容易被遗忘。这可能会导致组织走捷径，在像安然公司（Enron）这样的极端情况下，它会导致一些有问题甚至完全不道德的行为。关注这些定性的因素通常可以使我们衡量的东西变得有意义，因为我们无法衡量什么是有意义的。衡量和跟踪敬业度、员工成长、合作以及创意要困难得多。尽管这样做的好处很大，但要在会计师的电子表格中呈现出来很难。由于总想快速得到结果，这些没有直接因果关系的长期投资很容易被忽视。

这就是 1985 年约翰·斯卡利（John Sculley）将史蒂夫·乔布斯赶出苹果公司时发生的事情。营销专家斯卡利将苹果公司从创新的创造型文化转变为竞争型文化。最初，由于公司成功利用其现有产品和服务，业绩数字看起来不错，但这种短期思维以及拒绝探索新一代产品使该公司在 90 天内破产了。1997 年乔布斯回归后，不得不从根本上将文化转变为更加强调创造的文化。这激励人们再次进行创新，并见证了苹果公司成为世界上最有价值的公司之一。

要削弱竞争型文化，就要关注人和市场需求。更多地关注团队合作和协作，而不是个人主义和内部竞争。要激励人的成长以及销售的增长，多交流价值观，少交流短期利润。如果这方面做得好，就能通过努力构建出色的产品和服务最终获得利润。

5.4.3 增强创造型文化特征

在 1975~1988 年间，美国参议员威廉·普罗克斯迈尔（William Proxmire）每月向他认为浪费公款的官员颁发金羊毛奖（Golden Fleece Awards）。第一次该奖颁给了美国国家科学基金会，因为它花了 84 000 美元去研究爱情。虽然普罗克斯迈尔的出发点是好的，但皮克斯总裁艾德·卡姆尔（Ed Catmull）在 2014 年出版的《创意公司》（*Creativity, Inc.*）一书中认为普罗克斯迈尔这种态度会导致“对研究的寒蝉效应”。我们没有办法预先知道大量研究的价值。如果人们太害怕冒险，不敢提出开放式问题，研究进展就会受到阻碍。

类似的过程也往往发生在组织中。失败会受到惩罚，所以人们不会去冒险。当人们不冒险时，学习和创新就不会发生。人们谨慎行事就会阻碍创造力。创造型文化的一个标志是自由试验、承担风险，甚至打破规则。培养这种文化的一些切实方法是提供强烈的愿景、为构思和试验投入时间和金钱、激励学习以及重视反馈而不是效率和服从性，最大限度地提高透明度和信息的自由流动来帮助协调一致。谷歌著名的“20%”政策允许员工每周大约有一天的时间从事他们喜欢的工作，这是带来试验和创新的一个好的政策范例。Google News、Gmail 和 AdSense 业务都是通过这个试验开始的。说到创新和试验，有多少地方真正能说到做到呢？这种文化类型与控制型文化截然相反，因此废除尽可能多的规则和控制将有助于朝这个方向转变。事实上，创造型文化以打破奇怪的规则而闻名。试验的主题我们将在第 8 章中进一步讨论。

5.4.4 增强合作型文化特征

在 2019 年的一次演讲中，经管作家西蒙 • 斯涅克（Simon Sinek）谈到了与美国海军海豹突击队（US Navy SEALs）的合作。如果说有什么机构知道如何打造一支伟大的队伍，那就是海豹突击队。他们告诉斯涅克的是，在决定是否让某人加入他们的团队时他们会考虑两个因素：绩效和可信度。当然，每个人都想要值得信任的高绩效者，没有人想要不值得信任的低绩效者。这很容易理解。有趣的是，海豹突击队宁愿拥有高度值得信赖的中等绩效者，也不愿拥有不值得信赖的高绩效者。前者是一个更好的团队合作者，尽管他个人的业绩可能并不高，但他可以使团队明显更加有效。如果你是纯粹独立工作的个人工作者，那么个人业绩会很棒。然而，当你成为团队的一员时，这就没有意义了。

许多组织衡量个人绩效，但有多少组织衡量可信度？正如我之前提到的，难以衡量的事物往往不会得到衡量。这导致组织高度重视个人绩效，忽视可信度。奈飞公司首席执行官里德 · 黑斯廷斯（Reed Hastings）是这样说的：“不要容忍不羁的天才。团队合作的成本太高了。”要建立合作型文化，就要投入时间和资源来培养人、关系、信任、团队合作和联系。要从个人激励转向基于团队的激励以增进合作。要让团队成员花时间面对面在一起。在建立社会资本方面，没有什么能替代面对面的人际互动。要专注于敬业度和参与度。这些事情很容易被忽视，尤其是当忽视它们可以降低成本时。但从长远来看，不这样做的成本要高得多。第 7 章我们将进一步介绍高敬业度管理。

> **思考**
>
> 你的组织是否清楚地了解要减少哪些特质以及要增加哪些特质？什么样的结构和政策变化会实现这些？是否有一些简单的方法可以安全地带来行为改变？领导层该如何改变他们的行为以示范新行为？

本章小结

- 一个组织的文化可以对其业务绩效产生强大的正面或负面影响。
- 可以使用竞争价值观框架确定当前和理想的文化。
- 许多组织难以适应和创新，因为他们之前主要处于亲利用领域的控制型和竞争型文化中。
- 要想在探索领域有所建树可能需要转向创造型和合作型文化。
- 文化不能直接被改变，它是人们集体行为的产物。这些行为只能受到结构、政策、激励、指标和领导行为变化的影响。为获得最大效果，这些变化应涵盖所有 6 个促进因素。
- 由于转变文化的杠杆几乎总是在高层领导的控制之下，因此他们应该是文化变革的主要推动者。

业务敏捷性的关键实践

- 理解并传达组织的基本价值观。将这些价值观构建到组织各个层面的行为中。
- 有意识地专注于培养能够带来最佳结果的文化。投入时间和精力持续维护和改进文化。
- 在变革之前，绘制组织当前的和理想的文化。选择符合所需文化的结构和政策。
- 为提高业务敏捷性，应支持鼓励灵活性、试验性和以客户为中心的文化。
- 从一些小的政策变化开始，以激励和强化所需的行为。
- 让领导者和管理者以身作则，言行一致，树立榜样。

| 第 6 章 |

组织结构

等级制度对变化的响应不够快。

——杰夫·贝佐斯（JEFF BEZOS）

在本章中，我们将探究：

- 以客户为中心的组织设计越来越重要
- 组织筒仓的挑战和跨职能团队的好处
- 为什么网络模型比传统层级结构更具适应性
- 如何设计既善于探索又善于利用的双元型组织

6.1 结构的重要性：由电力革命想到的

走进 18 世纪的几乎任何一家工厂都会有令人难忘的体验。机械动力来自河中的水流。水流带动水车转动，水车转动又带动贯穿工厂全长的中心传动轴转动。一个复杂的皮带和齿轮系统（称为水车机械）连接着驱动织布机、锤子、压力机和各种其他机器的辅助轴。整个工厂都需要滴油器，以保持系统良好的润滑。

在 19 世纪中叶，燃煤蒸汽机的发展使得许多工厂将能源从水源转换为煤炭。在这个模式中，一台巨大的蒸汽机代替水带动中心传动轴。向这种模式转变有很多好处，包括更容易获得能源，以及在任何地点建造工厂的自由，而不仅是在湍急的河流上。

尽管动力源发生了改变，但工厂设计在整个 19 世纪都没有改变。仍然需要一个集中的动力来源，尽管这个动力来源是煤而不是水。一根中心传动轴仍然贯穿整个工厂，而且依旧需要复杂的水车机械为工厂的各种机器提供机械动力。实际上，除了动力源之外工厂几乎没有变化，因此这些变化成效甚微。传动轴设计效率极低。如果工厂中只有一台机器需要运行，也需要煤火完全运行以产生驱动传动轴的动力。这意味着工人需要不断地为煤火提供燃料并保持机械润滑，而大部分能源将被浪费掉。长期以来，这一直让工厂主感到懊恼，因为它推高了运营成本。

1882 年出现了工厂又一次大跃进的曙光：世界上第一座燃煤发电站由托马斯·爱迪生（Thomas Edison）在伦敦建成，首次将电力作为商品提供给公众。同年晚些时候，爱迪生在纽约市开设了第二座发电站。

不久之后，一些有远见的工厂主看到了电力的潜力，开始尝试用电动机代替蒸汽机。毕竟，许多人以前曾将他们的能源从水源改为煤炭，所造成的干扰小，收益大。他们知道该怎么做。然而，到 1899 年，在爱迪生开设他的第一座发电站大约 17 年后，工厂中只有不到 5% 的机械驱动力来自电力，大多数工厂仍在使用煤炭。那些投资安装电动机以取代燃煤蒸汽机的人面临着巨大的投资成本，并对回报感到失望。他们几乎没有看到承诺的生产力提高或成本节约。这项让人一开始充满希望的革命性新技术并未达到宣传中的效果。

为什么？事实证明，问题出在该技术的实施方式上。进行电力试验的工厂主按照他们从水力驱动转变到蒸汽驱动时的相同做法进行了试验。他们只是拆除了现有的蒸汽机，并用电动机取而代之。新工厂是使用当时的标准蓝图建造的。这使得工厂设计没有改变，只切换了动力来源。因此，释放电力优势所需的任何改变都没有实施。成本的节约和生产力的提高并未成为现实，人们对电力的幻想破灭了。

人们当时不明白的是，要想获得实际的收益，需要进行更大的结构性改革，而不是简单地用一种能源替换另一种能源。电力有可能在需要的地方和时间准确地提供动力。小型蒸汽机效率低得令人绝望，但小型电动机完全可行。这意味着工厂可以使用大量小型电源，每个电源都驱动一根较小的传动轴，而不是用一个巨大的电源来驱动单一的整体式传动轴。从理论上讲，每个工作台甚至可以配备一台带有专属电动机的机器，这样就可以在需要时操作单独的机器——这是一种效率高得多的设置。动力不会通过单一的整体传动轴传输，而是通过更小的传动轴传输。这意味着工厂可以更有效地围绕生产线而不是中心轴进行布置。工厂的整个设计以及生产流程都需要从根本上重新考虑。甚至员工的招聘、培训和计酬方式也需要彻底改革，以适应他们新获得的控制权。简而言之，为了适应新的工作方式，几乎没有什么东西不需要调整。然而，大多数工厂主不愿意进行如此广泛的、颠覆性的改变和投资。这意味着他们只是在边缘修修补补，并不能从中获益。

最后，电力变得越来越便宜，工人变得越来越昂贵，制造商终于想明白如何使用那时已经有 40 多年历史的电力技术。到 1920 年，55% 的工厂机器由电力驱动，美国的生产力持续飙升。商界人士终于明白，要从技术革新中获益并非易事。他们最终承认，有效地使用电力意味着组织结构、物流和人员的变革——这些变革将从根本上改变运营。这种大规模的变革需要时间、远见和足够的勇气。

任何参与过组织变革的人都可能对下面这个情境很熟悉。我见过很多组织训练团队成员时鼓励他们以不同的方式工作，然后期望在团队结构没有任何重大变化的情况下发生奇迹。当这种奇迹没有出现时，人们会说“我们试过了”或“那个在这里行不通”。但其实如果不改变相关的结构和运营，组织效率也不会发生变化。正如我们所看到的，许多组织都是围绕效率和优化利用领域的工业革命原则而设计的。但正如我在第 3 章中所说，一艘油轮永远不会像一艘快艇那样灵活。无论船员接受多少培训，油轮都不是为速度而设计的。涉及业务敏捷性和掌握探索领域时，改变组织结构是不可避免的。它需要的远不止表面的变化。它需要深刻的组织变革，就像重新设计整个工厂一样，这可能很困难，也可能具有破坏性。然而，为了在一个日益复合和动荡的世界中生存，这是必须做的。

值得注意的是，组织结构是组织敏捷性的重要促进因素。它也是少有的领导者可以直接控制的促进因素。与作为行为、价值观和思维方式的结果而出现的文化不同，组织结构可以针对给定的资产进行精心设计。出于这个原因，领导者往往对组织结构特别感兴趣。

随着团队合作的重要性日益提高，了解自己在组建团队走向成功方面要扮演的角色对领导者来说非常重要。下面是一些支撑高绩效、合作、自我管理的团队的“支柱”（见图 6–1）：

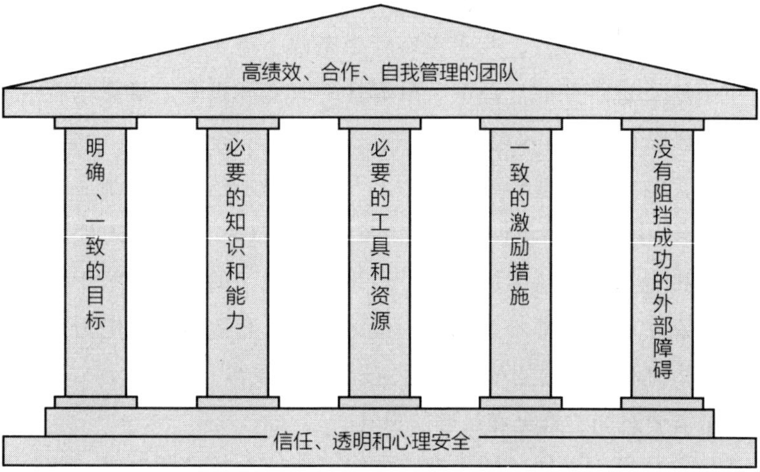

图 6–1　自我管理团队的支柱

- 信任、透明和心理安全是基础。能感受到可以依赖队友的感觉，以及觉得寻求帮助、犯错和脆弱也是没关系的。这是所有关系、协作和团队合作的基础。
- 明确、一致的目标。对要实现的目标有明确的共同的理解。这就是方向感。
- 必要的知识和能力。即团队中拥有实现目标所需的恰当技能组合。这确保了团队能够朝着所需的方向前进。
- 必要的工具和资源。即团队实现目标所需的一切工具和资源。这使得团队能够更快地朝着所需方向前进。
- 一致的激励措施。个人、团队和组织利益之间没有冲突。这确保了所有人的行进方向是一致的。
- 没有阻挡成功的外部障碍。没有超出团队控制范围的因素会妨碍交付。这确保了成功没有障碍。

显而易见的是，组织结构会对团队绩效产生极大的影响，因此领导者应该最先考虑它。虽然团队应该对结果负责，但缺少上述任何支柱都可能对结果产生不利影响，领导者有责任确保这些支柱到位。我很少遇到真正糟糕的团队，只遇到过在糟糕的领导下运作的团队。记住了这一点，接下来我将介绍支持业务敏捷性和创新的组织结构的四个关键原则。如果组织不能接受这些原则并从刚才提到的电力故事中吸取教训，那么许多组织将在敏捷方法出现与真正实现业务敏捷性之间经历同样的40年滞后期。这使得他们要到2041年左右才会弄明白。当然，前提是他们能活那么久。

思考

你的组织是将结构变化视为转型之旅的一部分，还是仅仅关注团队层面的实践？如果没有考虑结构变化，这可能是敏捷性不适用于你的组织的原因吗？

6.2 原则一：以客户为中心

亚马逊创始人杰夫·贝佐斯曾说过："如果我们能够让竞争对手关注我们，而我们专注于客户，最终我们会做得很好。"但企业并不总是必须专注于客户。倒退100年，缺乏竞争意味着组织没有动力去创新或取悦客户。有一种普遍的心态是"我们生产它，你就得接受它"。如果客户不喜欢一个企业的产品，他们去寻求更好产品的选择是有限的。因此，权力掌握在制造产品的人手中。客户别无选择。

今天，情况却非常不同。由于更低的进入门槛、放松的管制、可广泛使用的新技术以及更低的转换成本，每个市场都涌现出了新进入者去挑战老牌玩家的宝座。这加剧了竞争，争夺客户的战斗非常激烈。一个不满意的客户很容易找到另一个做生意的地方。因此，创新和提供优质服务已成为留住客户的重要工具。1954年，彼得·德鲁克说："商业目的只有一个有效的定义：创造客户。”因此，组织现在别无选择，只能以客户为中心。在《敏捷时代》（*The Age of Agile*）一书中，史蒂夫·丹宁（Steve Denning）将这种转变称为管理领域的“哥白尼革命”。最初的哥白尼革命指的是人类对宇宙的看法从“地心说”（认为地球是宇宙的中心）转变为“日心说”（认为太阳是太阳系的中心，行星围绕着它转）。丹宁的革命代表了企业与客户之间关系的根本转变，权力已从组织转移到了客户手中。

在我们进行创造性工作并寻找新产品和服务的同时，没有什么能代替了解客户。在创新时，设计和建造紧密地交织在一起，几乎无法区分。在摆脱传统的科层管理做法时，必须清楚地了解正在解决哪些问题以及为谁解决。只有这样，在工作第一线的团队才有可能做出最佳决策。当对机器的最终产品没有清晰的认识时，人们不会仅仅因为机器中的齿轮而受到启发或激励。

乔治·戴伊（George Day）和克里斯汀·默尔曼（Christine Moorman）在他们的《由外而内的战略》（*Strategy from the Outside In*）一书中定义了两种战略方法。由内而外的指导思想是关注内部，相信内部能力、公司资源和更高的效率将创造成功。然而，一个只关注内部、只关注竞争者而非客户的组织永远只会是追随者，而成为不了创新者。符合这种方法的文化是在竞争价值观框架中左边两个象限中的文化，即控制型文化和合作型文化（见第5章）。由外而内的方法重视与客户的合作，认为这是一种提供价值和解决客户问题的方式。这种方法始于市场，而不是组织的能力。由外而内的方法往往受到竞争价值观框架中右侧文化的青睐，即竞争型文化和创造型文化。业务敏捷性与由外而内的方法更为一致，《敏捷软件开发宣言》极力强调快速、频繁地传递客户价值。贝佐斯是这样说的：“公司以技术为中心。当他们考虑将业务扩展到某个新领域时，他们问的第一个问题是‘我们为什么要这样做？我们没有这方面的技术’。这限制了公司的生命周期，因为世界在变化，过去的尖端技术可能已经变成了客户不再需要的东西。一个更稳定的策略是从‘我的客户需要什么’开始，然后列出技术缺口。”

很少有人会反对以客户为中心，而且许多组织都表示支持这一点。然而，看一下大多数组织结构图，你会看到一个分层的金字塔，而它并没有明显地关联到客户。杰克·韦尔奇（Jack Welch）曾经将等级制组织定义为“每个人都面向 CEO，屁股对着客户”的组织。通常，除了少数人之外，其中所有人都完全脱离了组织的目的及其为客户解决的问题。正如我们将在第 7 章中看到的，这通常是员工积极性和敬业度低迷的一个关键原因。许多组织仍然围绕专业化的工作角色而设计。这是过去创新极少、几乎不需要内部合作或与客户合作的时代遗留下来的问题。

在高 VUCA 水平的环境中，内部和外部合作是创造价值的核心。组织必须在其设计中反映这一现实。它必须减少关注单个任务的高效执行，而更多关注合作以及快速有效地传递价值。一旦组织设计反映了这种变化，组织结构图就开始变得非常不同，此时的组织实体看起来不再像机器，而更像是活的有机体。

思考

你组织中的团队是基于任务功能还是客户需求设计的？原因是什么？有什么优点？有什么缺点？

6.3　原则二：小型跨职能团队

想象一下这个场景：一家人在夜深人静时被烟雾报警器震耳欲聋的警报声吵醒。父母立即闻到一股浓烈的烟味。父亲疯狂地跑去看孩子，而母亲则迅速打电话给消防队。她最初几次拨打时电话都占线，无法接通。拨打到第五次时她成功了，但被告知每个人都很忙，而且消防队员不能在 5 个小时内到达——因为他们必须先完成当晚列表上的其他工作。这家人很快离开房子到达了安全地带，但当消防队到达时，房子已被大火夷为平地。

当月晚些时候，该消防站的领导迪恩（Dean）因连续第 6 个月提高了该站的效率而获得奖金。利用率（即他的消防员高效工作的时间百分比）已从10%跃升至80%。团队的空闲时间已显著减少，这意味着他们花在工作上的时间比以往任何时候都多。这为该站节省了大量成本，因为执行工作所需的消防员更少。尽管发生了刚刚提到的有一家人失去家园的事件，但迪恩现在有望获得晋升，他将在多个消防站监督他的成本节约措施的实施情况。

可以说，从迪恩被要求提供的工作成果来看，他的行为完全合理。有许多首席信息官也采取了同样的方法。记不清多少次了，我看到在产品开发过程中的目标是将资源的利用率从85%提高到98%。这被视为是一种在尽量降低员工成本的同时高效且良好的交付方式。谁不希望他们的员工忙起来呢？整个系统随后被设计成将最大限度地利用人员作为有效性的一项指标。这就是所谓的资源效率，直觉上这是有道理的。其逻辑是，人们越忙，他们每天要做的工作就越多。人们每天做的工作越多，价值交付的速度就越快。其原理出自亚当·斯密和亨利·福特的劳动分工和专业化手册。这是20世纪早期生产线思维的遗留问题，它错误地认为，在可预测的利用领域中有效的方法在创造性的、不可预测的探索领域也能很好地发挥作用。遗憾的是，这种观点忽略了一个重要部分：排队。

其实，大多数人都容易忽略这一点，探索时的环境易变性远超过利用时的易变性，而且在有易变性和高利用率的地方，就会出现排队。虽然英国人可能以喜欢排队而闻名，但事实是知识工作中的排队是有害的，是交付和敏捷性的无声杀手。当系统中几乎没有过剩的能力时，工作最终会花费不成比例的更长时间来完成——通常是原来的10倍到20倍。这会导致员工对无法完成的工作感到沮丧，反过来又会引发采取进一步提高利用率的行动来加快完成速度。于是，这个恶性循环就会继续下去。

大多数人没有意识到正是高利用率造成了这些问题。充分利用的道路也称为交通拥堵。在这一点上值得注意的是，排队不仅会延长反馈循环并降低敏捷性，而且还会产生可能无法立即看到的重大财务影响。虽然延迟的成本并不总是像房子着火时那样明显，但延迟并不是毫无成本的。此类费用在组织中难以衡量，但毫无疑问，延迟交付价值会产生经济成本。如果组织结构的设计宗旨是最大限度地提高资源效率，传统的追踪成本在电子表格上可能看起来不错，但它们将掩盖更大的成本——那些由延迟带来的成本。对创造性工作，最大的浪费往往不是闲置的工人，而是闲置的工作。

我发现有趣的是，几乎每个人都知道这一点。询问组织中的任何人，如果需要解决一个紧急的复合性问题他会怎么做，他很可能会说想组织一支老虎队（tiger team）。1970 年，美国宇航局（NASA）为了确保阿波罗 13 号安全返回，组建了一支跨职能的专家团队。在那之后老虎队这个词就流行起来了。现在，这个词用于描述任何一支合作解决复合性问题的小型专职团队。这些团队之所以有效，是因为其成员持有不同的观点，并且（通常是暂时的）成员间消除了沟通和协作的结构性障碍。这些团队旨在快速、创造性地应对重大挑战。

为了提高业务敏捷性，组织必须利用相同的优势。它们必须以最大化协作的方式构建自己，并保持工作的顺畅，而不是简单地让人们忙碌。这是效率与适应性之间由来已久的权衡。正如威廉·爱德华·戴明曾经说过的那样："每个系统都是为了得到它所得到的结果而完美设计的。"只有当领导者了解他们所追求的结果时，一个合适的组织结构才会出现。试图为敏捷性和效率构建结构就像同时训练马拉松和 100 米短跑。它们是不兼容的。

受丰田生产方式中所归纳的"七种浪费"的启发，玛丽·帕彭迪克和汤姆·帕彭迪克（Mary and Tom Poppendieck）在他们的《精益软件开发》（*Lean Software Development*）一书中概述了软件开发的七种浪费：交接、等待或延迟、部分完成的工作、任务切换、额外的流程、额外的特征和缺陷。根据我的专业经验，这些浪费的最大来源是不合适的组织结构。专为提高资源效率而设计的组织结构最容易产生此类浪费，特别是那些构建成筒仓的组织结构。

筒仓（silo），来自希腊语 siros，是一种大型的垂直塔，通常用于农业储存谷物或饲料。对组织而言，筒仓往往是营销、财务或工程等职能部门。这些孤立的单位往往只关注自己的活动或功能，而不关注结果。就像亨利·福特1913年的生产线一样，工作按顺序流过每个筒仓，直到最终产品出现。与传统的生产线一样，这种方法能在执行可预测、可重复的工作时发挥作用。然而，当涉及创造性工作时，跨职能的协作就变得至关重要。在1986年《哈佛商业评论》（*Harvard Business Review*）中颇具影响力的论文《新产品开发游戏》（*The New New Product Development Game*）中，竹内弘高（Hirotaka Takeuchi）和野中郁次郎（Ikujiro Nonaka）指出，就开发新产品而言，“接力赛”方法（其中孤立的专家小组将“接力棒”从一组依次传递给另一个组）与其速度和灵活性目标相冲突。有一种更全面的方法能更有效地满足竞争要求，即多学科团队一起走完全过程，像橄榄球队一样来回传“球”。

就在探索域中进行管理而言，有两个关键事项需要了解。首先，在进行协作、复合、创造性的工作时，个人不再是组织的基本组成部分——团队才是。这对如何管理工作、执行工作、激励工作以及组织的结构具有广泛的影响。今天，工作往往过于复合，无法由个人来完成，而且部门之间的工作传递变得过于繁重，因为组织从规整的、单线流程转向多线的、具有快速反馈和核心迭代的流程。老虎队的出现就是基于认识到了这一现实。

第二件要了解的事情是，在快节奏、不可预测的世界中，团队面临的最大问题是知道要开发什么样的产品。这需要试验和对反馈做出响应的能力。这意味着不同的职能部门会相互激发创意。它需要来自许多学科的不同观点，共同解决复合的问题。因为我们要构建的组织不是那种只为效率服务的组织。团队需要组织起来以实现协作、创新和敏捷。根据定义，这会在流程中导致一些低效率工作。但这样的组织应该会受到开明的领导者的欢迎，因为他们明白，高效地创建错误的产品远比低效地创建伟大的产品更浪费。

此外，还有一种“效率”我们经常会忽视，那就是：流动效率。流动效率是一个项目执行的前置时间（相对于排队时间）在总时间中所占的比重。例如，假设需要对图片进行描线、上色和加框。这些任务可能分别需要 30 分钟、70 分钟和 10 分钟。因此，总工作时间为 110 分钟。但是描线师可能正忙于处理其他图片，要 105 分钟后才开始描这幅图。之后，图片可能需要再等 85 分钟上色，以及再等 140 分钟才能装裱加框。这意味着总交货期为 440 分钟。因此流动效率（即实际在项目上执行工作的前置时间百分比）仅为 25%。剩下的 75% 代表项目花费在等待处理上的时间比例。

对于从事创造性工作的传统组织来说，工作项目总交货时间的 80%~95% 花在了闲置等待处理上面的情况并不少见。这是惊人的浪费，这纯粹是由最流行的组织结构形式喜欢专家筒仓和高利用率这一事实造成的。使该问题更加复杂的是，与工厂有实物不同，知识工作中的队列通常是不可见的，因此管理起来要困难得多。

由于高达 95% 的延迟可归因于组织结构，实现业务敏捷性和创新能力意味着要将基于活动的团队改造成基于结果的团队（见图 6–2）。以活动为中心的团队执行单一职能，如营销、设计或工程。这些团队往往是专业团队，因此会导致刚才描述的浪费和延误。基于成果的团队是竹内和野中在《新产品开发游戏》中描述的那种团队——专注于客户结果的端到端交付。他们自给自足，拥有在不依赖其他团队的情况下交付价值所需的所有技能。他们将创意从概念一直推进，直到变现。

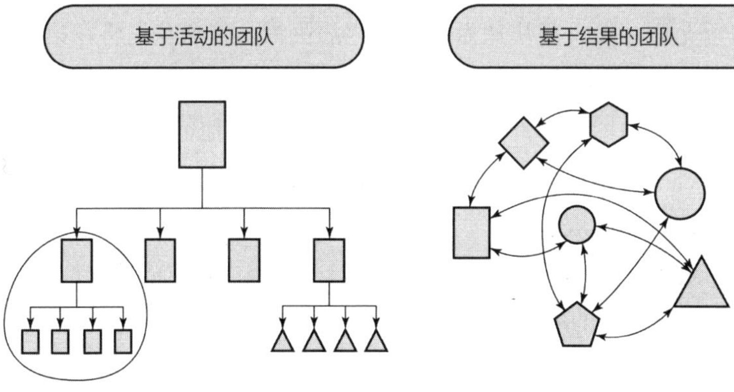

图 6–2　基于活动与基于结果的团队

想象一下，刚才提到的描线师、上色师和加框师组成一个对结果（这里指完成的图片）负责的小团队。如果他们每一次都共同专注于一张照片，那么他们可能只需要等待30分钟就能完成上一个任务，然后在110分钟内交付一张新照片。因此交付一张新照片的时间总共是140分钟，而不是440分钟，尽管团队成员的利用率要低得多，也就是说，他们每个人都有更多的空闲时间，但这大大缩短了收集反馈、修正和交付的时间，从而使组织对变化的响应更快。在这个模型中，团队成员还可以在整个过程中进行协作，以确保描线师不会描出会给上色师带来问题的图，从而避免代价高昂的返工。

有很多专注于客户结果的小型跨职能团队的优秀案例，从运动队到特种部队，到医疗队，再到老虎队。事实上，想想任何高绩效团队，你几乎肯定会想起一个小型、自主、跨职能、基于结果的团队。它们之所以有效，不仅是因为它们最大限度地减少了交接、排队和延迟。也就是说，重要的不仅仅是快速反馈。在实际工作中，我们不太可能在一群恰好在不同项目或产品上执行相同工作的人中创建共同目标。但在基于结果的团队中，我们可以创建以客户为中心的共享目标，团队可以围绕该目标进行组织。共同的目标非常具有激励性。同样，可以赋予这些群体更大的自主权。将自主权授予负责单项活动的小组会让其针对该项活动进行优化，这通常会损害其他活动。正如第4章中所讨论的，真正团队中的自治允许一线人员快速做出情境化的决策。正如我们将在第7章中看到的，这也非常具有激励性。

基于结果的团队如此有效的最后一个原因是他们减少了接口故障。许多组织将产品组件分给不同的部门，甚至是不同的组织。虽然每个组件单独可以得到有效地生产，但集成时会出现问题。问题很少出在组件本身，而是出在组件间的接口。这些接口故障是由开发的孤立性引起的，并增加了开发计划的风险。

当艾伦·穆拉利（Alan Mulally）于2005年加入福特汽车公司担任CEO时，他着手打破了导致公司一些重大失败的筒仓。他曾负责波音777客机的开发工作，并将其成功归因于多个以前独立的团队之间的合作。通过整合福特的工程师和设计师，他试图去做丰田几十年来一直在做的事情。他说：“一个对热力学一无所知的设计师可能会创造出一个漂亮的格栅，结果却发现它不能让足够的空气流入发动机舱。一个没有人体工程学知识的工程师可能会开发出一个完美运行但无法安装的排气系统。”在整合职能时，穆拉利着重强调一个共同的目标，即让每个人都在客户结果的认知上保持一致。事实证明，这是一种非常成功的方法——就像在苹果公司、谷歌公司和亚马逊公司等组织中采用的一样。

在过渡到跨职能、基于结果的团队时，为确保人们不会与其他承担相同角色的人失去联系，非正式的实践社区可以用来帮助共享知识、定义标准并在团队之间建立联系。

思考

你组织中的团队是为效率设计的还是为敏捷性而设计的？具有不同技能的人是在独立工作还是与他人协作？团队有共同的目标吗？这种结构的优缺点是什么？

6.4 原则三：相互联系的团队网络

人们普遍认为，现代人以其目前的形态已经存在了大约 20 万年。在大约前 95% 的时间里，我们以捕猎者的身份生活在最多几十个人的小团体中。有证据表明，这些小团体主要是没有等级制度的、轻松合作的平等主义团体。任何试图成为团体首领的人都会被其他人集体打压。这些团体联系紧密、协作性强，而且规模小到每个人都可以与其他人建立个人关系。人们之间的信任度很高而且互相关注。虽然冲突时有发生，但总的来说，这些都是高效的社会组织。在那 19 万年的时间里，人类大脑在这种状态下实现了完美地进化。

然后，随着大约 1 万年前从觅食转向农耕，第一批农业村庄开始出现了。这些村庄最多只有几百人。随着人口数量的增长，土地被填满，不同群体之间发生了冲突。彼得·图尔钦（Peter Turchin）在他的著作《超级社会：一万年来人类的竞争与合作之路》（*Ultrasociety:How 10,000 Years of War Made Humans the Greatest Cooperators on Earth*）中认为，促使协同等级制度出现和社会快速发展的主要驱动力是战争。法国军方有句谚语："上帝总是帮助强者。" 规模更大、等级更高的社会能够在战斗中战胜较小的社会。这导致了越来越大、越来越集中的等级社会，能够生产武器、制定战略并在战斗中有效地组织自己。在这个新格局中，这些等级森严的社会以牺牲更小的、更扁平的社会为代价而蓬勃发展。第一个正式的中央集权社会（即简单的酋长社会）仅仅出现在 7 500 年前的美索不达米亚（Mesopotamia），由几千人组成。社会的发展加速并最终形成了今天拥有数亿人口的单一民族国家。

无论是最初的小农庄、天主教会、罗马帝国，还是马克斯·韦伯的科层制管理体系，一旦群体超过一定规模，等级金字塔就会被认为是唯一可行的结构。组织还能怎样调动大量的人去实现一个共同目标？大多数人甚至不认为还有其他的方法——但事实上，许多实体已经找到了另外的方式。从进化的角度来说，1 万年只是一眨眼的工夫。我们仍然在进化上为更小、更平坦、更合作的社会做好了准备。等级结构和职能筒仓往往与我们大脑的进化方式相悖。它们阻碍协作，扼杀创新，并抑制对变化做出响应的能力。它们是控制型和竞争型文化的标志（参见第 5 章），虽然对某些利用型工作有效，但不适用于更具创造性的探索领域。

此外，管理顾问加里·哈梅尔（Gary Hamel）和米歇尔·扎尼尼（Michele Zanini）估计，维持等级模型所需的额外中层管理者和协调者占组织职员总数的三分之一。这些多余的管理层级使经合组织国家每年损失 9 万亿美元的产出。无论你从哪个角度看，管理等级制度的成本都非常高昂，它需要一支协调一致的管理者队伍，并且会减慢决策速度。我们需要找到一个免于陷入混乱的可行的替代方案。

如果建立得当，小型的、跨职能的团队会非常有效。人们在追求结果的过程中可以建立信任、创造共同愿景、维持关系，并轻松协作和自我组织。这就是人类的工作方式。2002 年初，时任亚马逊 CEO 的杰夫·贝佐斯花了一些时间来读懂和反思他的公司。重返工作岗位后，他以“双比萨团队（two-pizza teams）”为基础，重组了亚马逊。这些团队的规模足够小，如果队员们工作到很晚，两个大号比萨就能让他们吃饱。实际上，这意味着他们将由不到10人组成。贝佐斯希望团队独立、具有创业精神。正如亚马逊高管尼尔·罗斯曼（Neil Roseman）所说：“自主工作的小团队表现很好，但管理层级下的团队表现则很糟糕。”当时，贝佐斯正在应对像微软这样的科技巨头。这些科技巨头将多层管理者安排在自上而下的层级结构中，这会减慢决策速度、扼杀创新并破坏员工敬业度。

考虑一下是什么造就了优秀的团队，一些特质可能会脱颖而出：信任、共同的目标、自主权、频繁的互动和沟通。如果这适用于团队，那么它是否也适用于为更大目标而合作的多个团队呢？如果在大型团队中能够获得与少于10人的团队类似的好处呢？如果每个产品或每次努力都可以由一个双比萨团队有效地完成，那么生活将会变得相当简单。遗憾的是，有些事情（如将人类送上月球）需要更多的人。实现更大的目标通常需要多个团队协作付出更大的努力。

20世纪90年代，英国人类学家罗宾·邓巴（Robin Dunbar）提出，一个人可以信任的人数是有限的。他给的范围是100到230，但许多人都愿意使用150这个数字。这通常被称为“邓巴数”。正因为如此，人们倾向于仅在最低的层次重组更大的组，并为所有更高的层次保留标准层次结构。通过这种方式，团队被重新安排为跨职能的，但在所有更高层次保留了以前的层次结构。在这种情况下，团队内部的沟通和协作水平很高，但团队之间的沟通和协作水平很低。当需要跨团队协调时，仍然需要自上而下的努力，并由此造成延迟和额外流程。这就是美国退役陆军将军、美国联合特种作战司令部前任负责人斯坦利·麦克里斯特尔（Stanley McChrystal）所说的团队指挥。团队被视为筒仓，尽管是自主的、基于结果的筒仓，但管理者仍需在它们之间进行大量协调。这种方法会带来一些好处，但复杂的协调结构、项目管理和协调者的存在，会造成整体敏捷性受到极大限制。

为了创建一个可以实现真正业务敏捷性的结构，组织需要更进一步。它们必须远离层级金字塔结构并拥抱网络模型（见图 6–3）。在一个相互关联的团队网络中（相当于团队中的团队），多个自主团队彼此协作，与领导者协作，与客户协作，以实现一个总体目标（见图 6–4）。团队之间的沟通是非正式的，必要时由团队内部人员进行，而不是由项目或程序管理员等外部协调员进行。正如第 4 章中所讨论的，为了以这种方式

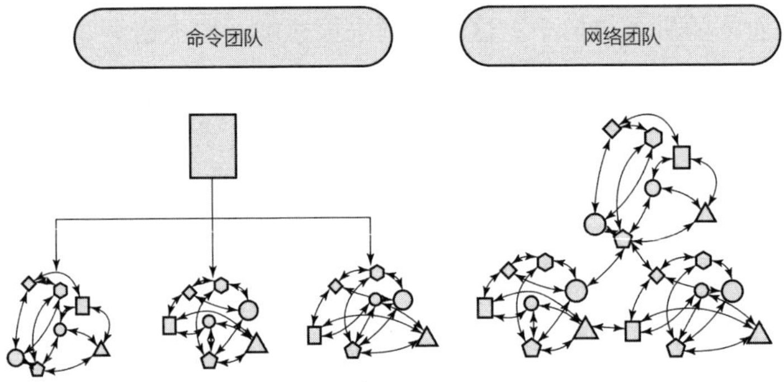

图 6–3　命令团队与网络团队

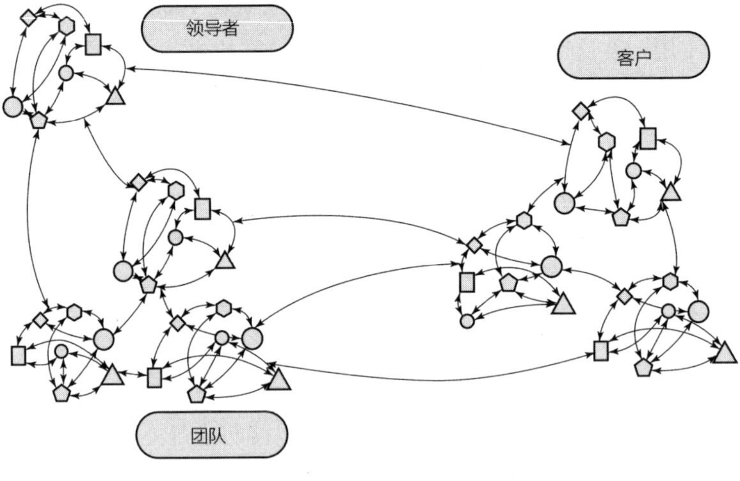

图 6–4　更广泛的网络

授予控制权，必须在更大的目标、必要的技术能力以及商定的协作和决策工作方式等方面保持清晰的一致性。这些网络具有很强的弹性。由于“控制”分布在整个网络中，因此很难对其进行破坏。打个比喻来说，切断一只蜘蛛的腿，它就残废了。砍掉它的头，它就死了。但是，海星的一条腿被砍断，它会长出一条新的，而被截断的腿还能长成另一只海星。这就是分散控制的力量。

然而，这种弹性和适应性并非没有代价。组织必须投入大量时间来协调整个团队并建立信任。只要稍加注意，在团队内部建立信任还是相对容易的，但在更大的团队中建立信任就不那么容易了，尤其是考虑到邓巴数。如果工作单位的人数超过 150 人怎么办？好消息是，没有必要让每个人都与其他人建立深厚的联系。一个人根本无法发展这么多亲密、信任的关系。我们的大脑并没有为此做好准备。幸运的是，所需要的只是每个团队中的某个人与其他每个团队中的至少一个人建立联系。这样所有团队就会相互联系。这些联系可以采用单个关系或多个关系的形式。由此，团队内部和团队之间便都存在信任，这使得团队间协作变得更加容易。

如今，许多最具进步性和适应性的组织都在根据自主、跨职能团队网络的原则而不是传统的等级金字塔进行构建。以极具创新性的戈尔公司（W. L. Gore）为例，这家公司在 2017 年创造了超过 30 亿美元的收入，在全球超过 45 家工厂雇用了 8 000 多名员工。戈尔公司没有等级制度，也没有官僚主义。这是一家任何人都可以与任何人交谈、没有老板和主管的公司。它围绕着自我管理的团队而构建，团队被安排在格子间，所有人都努力赚钱，并享受乐趣。

荷兰医疗保健提供商博组客（Buurtzorg）雇用了 14 000 多名护士和护工，每个团队最多 12 人。博组客拥有 50 名支持人员、18 名管理导师——没有管理者，支持大约 1 000 个自组织团队。团队负责整个过程，从员工招聘到寻找新客户，再到计划和交付工作。博组客的医疗费用在荷兰是最低的，其医护人员花在客户身上的时间更多，员工敬业度在所有超过 1 000 人的荷兰公司中是最高的。

总部位于中国青岛的跨国家电和消费品巨头海尔集团（Haier）是组织结构力量的另一个典型例子。海尔成立于 1984 年，2009 年才开始向自主管理转型。在创始人兼 CEO 张瑞敏和联合创始人杨绵绵的带领下，在晨星公司（Morning Star）自主管理模式的启发下，海尔着手破除传统的等级制度金字塔。公司解雇了大约 4 000 名中层管理者，这一举措推动了 4 000 多个跨职能、自组织的团队蓬勃发展。现在，团队不再对老板负责，而是对客户负责，并对产品或服务的各个方面负责。有了详细的客户信息，富有企业家精神的员工可以自由地围绕他们的创意建立团队、分享利润并作为自主的微型企业运作。他们通过先进的技术平台与客户以及其他内部单位保持联系。如果有人怀疑，通过网络模式的使用自组织模式的规模会远远超出单个团队的规模，那么海尔的成功应该可以打消这种疑虑。海尔是少数几家最初以官僚等级制度运作的公司之一，也就是说，它并非天生敏捷。今天，它是世界上最大的家用电器制造商，收入为 320 亿美元，年利润为 24 亿美元。它拥有 70 000 名员工，并被波士顿咨询公司评为“全球最具创新力的十大企业”。

最后一个例子是瑞典的跨国银行瑞典商业银行（Handelsbanken），其也已经完成了从等级制度到网络模式的艰难转型。该银行成立于 1871 年，1970 年任命简·沃兰德（Jan Wallander）为首席执行官。一上任，沃兰德就发现这是一家陷入危机的组织。强大、集中化的层级结构和自上而下的决策导致即使是低层决策也要延迟数月。集中化的部门和官僚机构正在妨碍组织为客户提供服务。由于一线人员对客户的详细了解程度与其决策权不匹配，因此他们感到十分沮丧。

作为回应，沃兰德实施了一个激进的分权模型。他直截了当地拒绝做出重大决定，而是将客户介绍给当地分支机构。这些分支机构由真正有自主权的、最多 10 人组成的小团队网络运行。沃兰德取消了集中式团体和集中式预算。分支机构现在可以控制自己的愿景、战略规划和营销以及所提供的产品（包括定价）。他们控制着招聘和解雇过程，而总部则扮演着几乎没有控制权的辅助角色。总部根据成本收入比等指标对分支机构进行透明化的衡量，并推动分行改进。瑞典商业银行现在的最低投资回报率为 12%，年增长率为 15%，胜过大多数银行。

> **思考**
>
> **当几个团队为了一个更大的目标而合作时，是否存在外部协调结构或者他们之间是否会合作？团队之间是否有共同的目标？团队之间是否存在信任？沟通和协作存在哪些障碍？如何解决这些问题？**

6.5 原则四：灵巧的组织

到目前为止，我们在本章中讨论的是如何以不同的方式思考组织结构。我们探索了如何通过组织最大化的合作来利用人类大脑的进化。创造力很少发生在筒仓中。当来自不同学科、领域和文化的人们聚集在一起时，奇迹就会产生。弗兰斯·约翰森（Frans Johansson）在他的著作《梅迪奇效应》(*The Medici Effect*）中描述了富有的梅迪奇家族是如何在 15 世纪的意大利激起了非凡的创意风暴，并为文艺复兴做出了重大贡献。他们通过将一大批画家、雕塑家、诗人、金融家、建筑师和科学家带到了佛罗伦萨市做到了这一点。如此多样化的技能融合以及对传统界限的打破催生了一系列新创意、新想法和创新浪潮。

在组织中也是如此。史蒂夫·乔布斯在设计苹果公司和皮克斯公司的总部时非常注重办公室中的布局细节。他认为创新是由具有不同观点和经验的人之间的“偶然互动”激发的。他曾表示：“如果办公室布局不鼓励合作，你将失去很多由机缘巧合引发的创新和奇迹。因此，我们设计的公司能让人们走出办公室，在中厅与其他人交流，否则他们可能看不到这些人。”谷歌工作环境的创造者大卫·拉德克利夫（David Radcliffe）呼应了这一观点：“我们想要在工作环境中创造偶然的碰撞。你不能安排创新，你不能安排创意的产生，所以当我们设计我们在世界各地的办公场所时，我们真的在寻找让工程师或有创造力的人聚在一起的机会。”这种设计赞同必须拆除结构边界并创建以客户为中心的多学科小型团队网络。这就是开展创造性工作的最有效方式。然而，在通常情况下组织必须既向前看又向后看，同时在利用领域和探索领域工作。这需要多花点心思。

在同一组织内运行平行的结构、文化、领导模式和政策极具挑战性。探寻和执行的性质截然相反。正是出于这个原因，许多人选择创建独立的组织，每个组织都有自己的运营模式。“颠覆式创新”之父克莱顿·克里斯坦森（Clayton Christensen）本人也提出了同样的建议，他说：“当面临破坏性变革时，组织不能同时进行探索和利用，而必须将探索的子团队剥离出来。”

虽然这样做的好处显而易见，但这并不总是最有效的方法。当在探索领域工作时，要决定与更广泛的组织的理想整合水平，通常可以考虑潜在新产品的战略重要性及其与更广泛的组织的战略一致性，以及新产品、服务或业务在多大程度上将受益于利用核心业务资产和能力，如人才、营销、制造、技术或品牌。查尔斯·奥尼利（Charles A. O'Reilly）和迈克尔·图什曼（Michael L. Tushman）在《领导和颠覆：如何打破创新者的困境》（*Lead and Disrupt*: *How to Solve the Innovators' Dilemma*）一书中使用了一个二乘二的矩阵来展示四种场景（见图 6–5）。

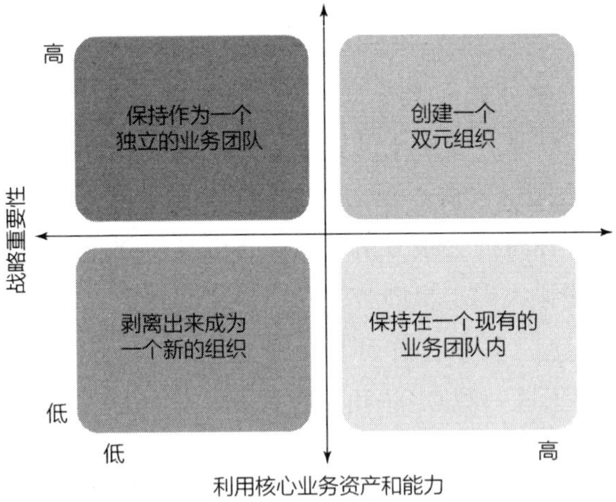

图 6–5　何时构建双元性

仅考虑与更广泛组织的战略一致性的情况，我们可以看到两种明确的情况。当几乎没有机会利用组织资产时，创建一个完全独立的自主业务部门是有意义的。这种方法可以很好地发挥作用，但通常情况下，当一个组织进行创新时，不会有立即的回报，这意味着他们至少在最初的几年里经常缺乏资源。利用成熟组织的资产、资源和能力，以及由高层领导提供轻度监督的能力，可以产生显著的优势。要实现这一点，必须保持足够的距离使得组织的利用团队和探索团队形成他们自己的愿景、价值观、文化、结构和政策。通过这种方式，它们将在很大程度上作为独立的组织运作，每个组织都有自己独特的运营模式，但有一个统管双方的领导层（见图 6–6）。这将有助于思想的交叉融合，并使探索团队能够利用更广泛的组织资源和能力。这些团队既需要彼此分离，也需要整合。领导者需要精心权衡以实现足够的整合，避免探索团队极其缺乏资源，同时也不会让其被成熟业务中不必要的流程和政策压垮。这一点再怎么强调也不过分。

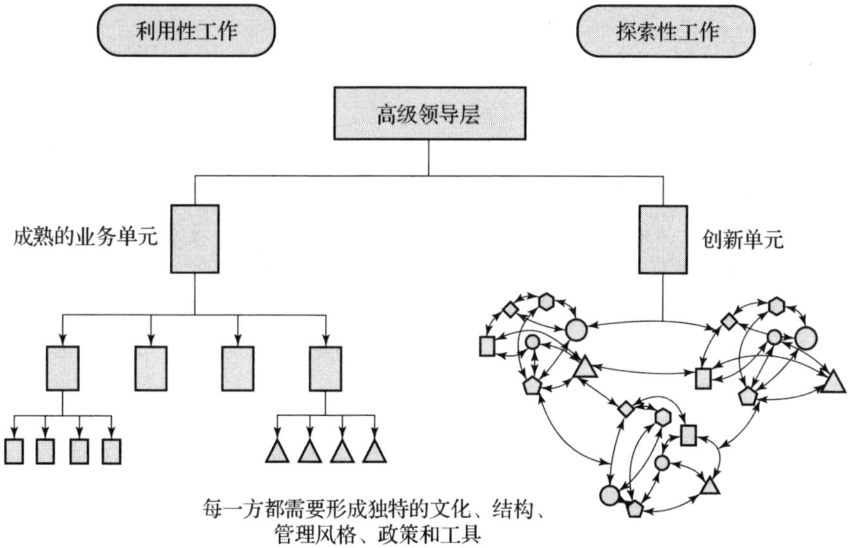

图 6–6　双元组织结构

3M 是世界上最具创新性的企业之一。它不断努力通过新产品（推出不到五年的产品）来增加收入。在引入六西格玛（一种有利于开发的工具，用于提高生产效率）后，3M 发现生产力确实提高了。不幸的是，六西格玛对创新和敏捷性产生了负面影响，新产品收入的比例下降了。实施现在有效的方法往往会扼杀创造力和对新事物的探索。随着时间的推移，探索团队可能会证明其产品与市场的契合，然后扩大规模并成为一个成熟的业务。那时再将其重新整合回到更广泛的组织中可能是合适的。

使用这种方法，并以最低水平的整合将利用活动与探索活动分开，组织可以真正同时擅长于利用和探索，成为真正的双元组织，并最大限度地提高其持久成功的机会。

> **思考**
>
> 在你的组织中，不确定的创造性工作与更可预测的执行工作是相同还是不同的？对一个类型的工作有用的文化、结构和政策对另一类工作也有用吗？如果不是，如何在允许访问共享资产和功能的同时，将不同类型的工作分离开来？对你的组织而言，双元性可能是什么样的？

本章小结

- 现在，人们可以以多达 50 人为单位的形式开展工作，无须正式的等级制度和高度合作。
- 许多组织根据工业革命中出现的理念构建自己，以分工、等级制度和旨在提高效率的筒仓为特征。这种对效率的关注极大地抑制了他们的业务敏捷性。
- 探索领域中，在网络中运作的小型跨职能团队比由专家组成的僵化层级结构更具有效性和适应性。
- 真正双元的组织利用两种模式的优势，实现不同的文化、结构和政策并行。

业务敏捷性的关键实践

- 告别负责专门工作的职能筒仓，转向负责以客户为中心的成果的跨职能团队。
- 为团队创建和传达鼓舞人心的共同目标，以达成一致并指导决策。
- 通过近距离接触、一流的协作工具和消除沟通障碍，在团队内建立信任、联系和合作。
- 授予团队自主权，使其能安心地朝着他们期望的结果工作。
- 当需要多个团队共同努力实现一个结果时，将它们构建在一个松散连接的网络中而不是在传统的层级结构中。
- 投入时间和资源在团队之间建立一致性和共享目标，并通过嵌入式联络员在团队之间建立联系和信任。
- 通过同时利用等级制度和相互关联的跨职能、自我管理团队的网络结构二者的力量，创建可以同时进行利用和探索的双元型组织。创建一个跨越双元的高级领导层进行高层整合，互不干扰。
- 允许每一方创建不同的结构、文化和政策以最好地支持其工作。

| 第 7 章 |

人员和敬业度

想要人才，说起来容易，但这些人之间的互动方式才是真正的关键。

——艾德·卡姆尔（ED CATMULL），皮克斯公司（PIXAR）创始人兼首席执行官

在本章中，我们将探究：

- 员工敬业度的重要性以及为什么大多数人在工作中不敬业
- 如何创造思考和协作的环境
- 员工敬业度和内在动机的一些关键驱动因素
- 创造性知识工作的一些现代人力资源实践

7.1 员工敬业度的案例：醒来闻到成功的味道

2002 年，一家成立四年的小公司的 CEO 在办公室茶水间的墙上贴了一张便条。便条上写着："这些广告糟透了。"这不是一个寻常的 CEO 的行为，但这也不是一家寻常的公司。这位 CEO 是拉里·佩奇（Larry Page），这家公司是谷歌（Google）。佩奇一直在浏览谷歌网站，输入搜索词并查看随后出现的与这些词相关的广告。他对许多付费广告尤其不满，因为它们似乎与搜索词无关。例如，搜索"川崎 H1B"（一种摩托车模型），出来好多帮助申请 H1B 签证服务的律师广告和其他无关服务的广告。这是谷歌广告 AdWords 项目的早期阶段，进展并不顺利。

佩奇打印出有问题的广告，将其重点标注出来，再将它们和他的意见一起贴在墙上。周末回家时，他没有对任何人说起这件事。当天晚上晚些时候，一位名叫杰夫·迪恩（Jeff Dean）的工程师看到了这张便条。由于他并不在广告相关部门工作，因此他其实无须去关注这件事或对此做点什么，但他回到自己的办公桌前开始想法处理这个问题，没有通知任何人。他放下了原本自己的工作，努力解决这个难题，这是一个谷歌最优秀的人才经过数月的努力仍未解决的问题。然后，他周六回到办公室继续解决这个问题，周日他又来了，继续工作到很晚，直到周一早上 5:05，他发送了一封电子邮件，列出了详细的修复方法，然后才回家睡觉。

这个修复方法显著提高了 AdWords 搜索引擎的准确性，使得 AdWords 成为主流的按点击付费的搜索引擎。第二年，谷歌公司的利润从 600 万美元增加到 9900 万美元。到 2014 年，AdWords 每天的收入为 1.2 亿美元。今天，谷歌已经是地球上最有价值的公司之一。

在今天的大多数组织中，在我看来，类似的事根本不会发生。为什么人们会在没有被要求的情况下为另一个部门解决问题？为什么他们会在没有明显激励的情况下用通宵和周末完成任务？他们为何在未经许可的情况下这样做？答案就是“敬业”。

与财务部门一样，人力资源（HR）部门被大多数寻求提高敏捷性的组织所忽视。我一直觉得这令人震惊——尤其是考虑到 2001 年发布的《敏捷软件开发宣言》的第一个（对我来说也是最重要的）价值观就是“个人和互动胜过流程和工具”。组织永远只能和组织中的员工一样有效。成为一个高绩效的敏捷组织是一个始于人亦止于人的过程。但对许多组织来说，它开始时并没有首先确保人力资源部门和其他部门一起转型，或者至少朝着同一个方向前进。如果我们需要人们以不同的方式行事、思考和工作，以实现敏捷性，那么让那些在该领域制定政策和激励措施的人参与进来不是很有意义吗？考虑到这一点，现在我们来看看组织中最重要的部分之一：组织的员工。我们还将介绍成功组织最重要的领先指标之一，即员工敬业度。

16 岁时，我在当地社区中心进行了为期两周的“工作体验”。我的职责包括整理货架、打扫卫生、接听电话以及执行其他各种令人麻木的丝毫无法让我兴奋的任务。我发现自己很无聊、没有动力，并且尽可能放慢速度。这并不意味着我不快乐。我快乐，我只是没有全心全意投入工作中。也就是说，直到10天中的第9天，当我被要求清理地下室时，我才真正关心我的工作任务。他们给了我一整天的时间，只告诉我要“解决这个问题”。

到了地下室，我花了些时间计划我要做什么，然后开始我的工作。我一整天都在认真工作，清理箱子、清除垃圾并将东西整理到一个容易找到的货架系统。那一天结束时，我完成的工作量比前8天的总和都要多，并增加了更多的价值。这是我的工作，我拥有它，我想要超越。我的主管对结果感到高兴，甚至有点惊讶。我感到精力充沛，对那天的工作非常满意。那时我找不到词来形容它，但实际上，我是第一次投入了我的工作。

每隔几年，盖洛普咨询公司（Gallup）就会在《全球工作场所状况报告》中发布大量有关全球员工敬业度的数据。2017年版涵盖了155个国家和几乎所有行业。该报告是目前最全面的员工敬业度调查结果来源。盖洛普使用12个问题（通常称为盖洛普Q12）来确定每位受访者的敬业度。调查结果将员工分为3组，分别强调他们对组织的情感依恋水平。盖洛普将这3组定义如下：

- 敬业：“员工对工作和公司高度投入，充满热情。他们是心理上的‘所有者’，他们推动绩效和创新，推动组织向前发展。”
- 不敬业：“员工在心理上不依恋他们的工作和公司。因为他们的需求没有得到充分满足，他们将时间（而不是精力或激情）投入工作中。”
- 毁业：“员工不仅在工作中不快乐，他们还会因为自己的需求没有得到满足而怨恨，并把他们的不快乐表现出来。每一天，这些员工都可能会破坏他们敬业的同事完成的工作。”

根据这些定义，我相信大多数人都会认同，最大限度地提高敬业员工的比例会带来显著的绩效改善。敬业的员工关心他们的公司，并竭尽全力辅助其成功。与不敬业的员工相比，他们的生产力更高，能做出更好的决策，更有可能进行创新并找到创造性的解决方案。这些正是擅长做“探索”工作的员工。

如果有人对高敬业度的经济价值有疑问，有很多有力的数据可以支持这一点。盖洛普公司、贝斯特公司（Best Companies）、卓越职场研究所（Great Place to Work）和玻璃门网站（Glassdoor）都发现高敬业度与更好的股市表现相关。盖洛普发现，在许多关键领域敬业度排名前四分之一的企业单位的业绩要优于敬业度排名最后四分之一的企业单位：

- 盈利能力高 21%
- 销售额多 20%
- 生产率高 17%
- 客户指标高 10%
- 安全事故低 70%
- 低流动率组织的员工流动率低 59%
- 高流动率组织的员工流动率低 24%
- 旷工率少 41%
- 质量事故（缺陷）率低 40%
- 缩减率低 28%

在 2017 年出版的《员工体验的优势》一书中，雅各布 · 摩根（Jacob Morgan）展示了 2012 年 1 月至 2016 年 10 月期间，标准普尔 500 指数（S&P 500 Index）（投资价值 1 699 美元）和玻璃门网站公布的最佳工作企业（投资价值 2 593 美元）的以 1 000 美元为单位的投资价值差异（见图 7–1）。根据敬业度研究所的数据，不敬业每年造成的生产力损失高达 5 500 亿美元。

考虑到员工敬业度对最终盈利的真正影响，人们可能会认为它将是任何领导者议程上都要解决的重要问题。不幸的是，我一次又一次地发现，情况似乎并非如此。很多领导者都只是口头支持，除了象征性的姿态和年度敬业度调查之外，几乎没有采取任何实际行动。最终，尽管所有这些都是老生常谈，但现状几乎没有什么改变。

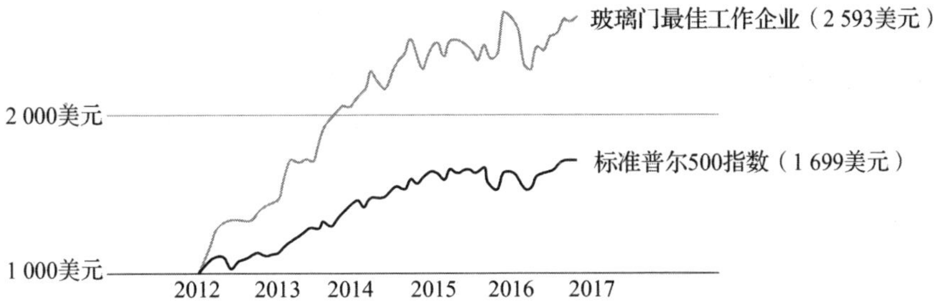

图 7-1　基于 2012 年的 1 000 美元投资的股价

我认为这有两个主要原因。首先，要证明高敬业度和增加的最终盈利之间存在因果关系是极其困难的。这些东西不会在电子表格上与成本并列显示出来。但如果谷歌采用传统的管理方法，杰夫·迪恩会主动出手解决 AdWords 问题吗？谷歌会成为它今天这样的组织吗？

敬业度通常不被重视的第二个原因是，其衡量和改变都特别困难。大多数领导者和管理者都不知道影响敬业度的各种因素。即使他们知道，提升敬业度的行为变化也难以在组织政策和文化中扎根。再加上在工业革命中根深蒂固的领导和人力资源政策，大多数组织中普遍存在不敬业的情况。正如我在第 3 章中所讨论的，管理创新虽然具有巨大的影响，却是一次穿越未知森林的可怕漫步。

这一切都导致了一些非常令人沮丧的敬业度数据。在盖洛普 2017 年的报告中，全球只有 15% 的员工投入了他们的工作（见图 7-2）。这意味着只有一小部分人在创新，发挥创造力，并推动其工作组织的绩效。鉴于这些因素在我们所处的新的、高 VUCA 水平世界中的必要性，这个令人沮丧的数据代表了人类潜力的巨大浪费，难怪对最终盈利的影响如此巨大。现在，为了获得竞争优势，组织比以往任何时候都更需要人们跳出盲目服从命令的窠臼。他们必须全身心投入工作，并为给客户创造价值而不懈努力——不是因为他们被迫这样做，而是因为他们想要这样做。最有效的组织（数量稀少）里挤满了这样的人。

盖洛普报告中的第二组员工的标签是“不敬业”，有 67% 的受访者属于这一类。这些人只是身体出现在工作中。他们看似在努力扮演自己的角色，实则毫无激情，进入不了工作状态。你经常会发现这些人在周三的午餐时间就庆祝他们快要过周末了。这不是一种特别令人满意的存在状态。

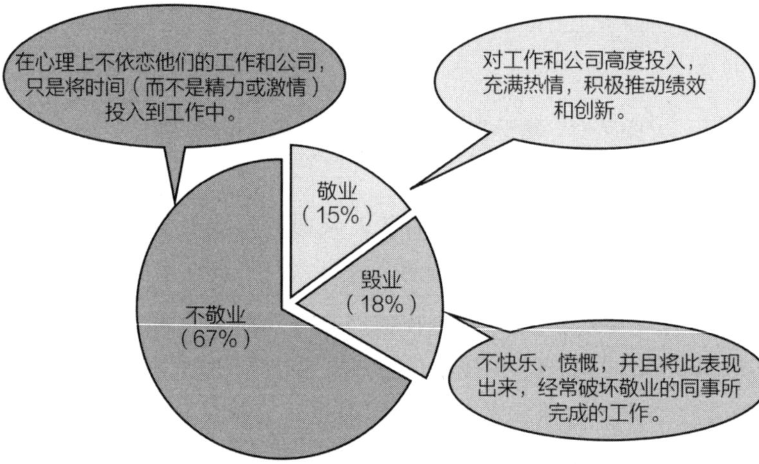

图 7-2 全球员工敬业度数据

然后是“毁业”的员工组。这些员工是彻头彻尾的危险人物，他们的工作违背了他们所在组织的利益。我们在第 5 章新联合汽车制造公司的故事中探讨了一些相当极端的例子，但它在世界各地的组织中发生的概率较小。令人惊讶的是，毁业的员工比敬业的员工所占平均比例还高，为 18%。难怪很多组织在竞争中举步维艰。

我发现这些数字特别难读懂。尽管财务影响很重要，但真正的成本是人力成本。这个影响开始于 19 世纪后期，也就是管理研究和弗雷德里克·温斯洛·泰勒工作的早期。当时，曾经自豪的工匠沦为机器中的齿轮——完全被剥夺了权力，并且与决策过程和雇主的最终目标脱节。它们变成了可替代的、无名的“资源”，不再需要自行思考。这就是为什么泰勒的方法经常被认为是不人道的。而在当今创造性知识工作的世界中，这种情况只会更加严重。我体验过所有这三类敬业度员工的生活，我可以毫不犹豫地说，人们应该完全投入他们的工作并对他们所做的事情充满热情。大多数人一生中约有三分之一的时间用于工作，但其中大部分人职业生涯都不充实，这一点尤其令人悲伤、担忧。一想到我的孩子们以及数以百万计的其他人在几十年不尽如人意的苦差事中长大，我几乎泪流满面。这是我之所以从事现在的工作的很大一部分原因——总有一天，敬业将成为常态，人们会对周一早上要去上班感到兴奋。如果这听起来不切实际，我可以告诉你，我每天都步履轻快地去上班。我这样做是因为存在超常敬业的条件。如果我不是那么敬业，我可能不会在周末的晚上加班写书。现在，我想要产生影响的愿望比我想放松的愿望更强烈。

在我们探索提高员工敬业度的条件以及如何落实这些条件之前，我们必须首先了解人脑的工作原理。一旦领导者明白这一点，他们就可以设计出与我们的进化相协调的政策和结构，并最大限度地提高知识工作者的效率，而不是无意中破坏它。

思考

你所在组织的员工是否敬业？组织是否积极跟踪员工敬业度？提高敬业度对组织和员工有什么好处？

7.2 知识工作的神经科学：激发大脑思考

大多数人都有过头脑一片空白的经历。无论是在考试、面试还是演讲中，不管你怎么努力，你之前回忆了上千次的信息都可能突然莫名其妙地遥不可及。几分钟前还像系鞋带一样容易的任务现在变得完全令人难以置信。当这种情况发生时，并不是我们忘记了如何做这些事情，而是大脑在尽力保护我们的同时，往往最终会与我们作对。对现代职场中的领导者来说，了解这种情况如何以及为何发生变得越来越重要。因为在现代职场，主要活动不再是服从命令，而是创造性地思考。为此，领导者需要了解大脑的两个重要部分及其工作方式。

7.2.1 前额叶皮层（PFC）

前额叶皮层是大脑进化的最后一个主要区域，约占大脑体积的5%。然而，它就像一杯优质的波旁威士忌，虽然尺寸不够大，但冲击力很大。前额叶皮层控制着通常所说的“执行功能”，因此当你有意识地思考而不是听之任之时，它就会被使用。戴维·罗克（David Rock）在他的著作《别把脑袋放进冰箱》（*Your Brain at Work*）中指出了前额叶皮层的5个关键功能：决定、回忆、理解、记忆和抑制。这些功能代表了大部分有意识的思考。没有这些，我们将无法设定和追求目标、制定计划、解决问题、优先排序、做出决定、创造性思考、掌握抽象概念或控制冲动。因此，当你了解到人类的前额叶皮层直到25岁才发育完全时，你就不会对青少年的种种不理智和失控感到惊讶。撇开孩子不谈，在阅读几乎所有知识工作职位的工作描述时，我们通常会看到它几乎完全是刚刚提到的活动的某种组合。知识工作几乎完全在前额叶皮层中进行。因此，保持其顺利运行至关重要。

不幸的是，和所有好东西一样，前额叶皮层也有明显的缺点。首先，它消耗代谢物质（如葡萄糖和氧气）的速度比大脑的任何其他部分都要快。就像一辆600马力的SUV汽车，它动力很足，但运行起来很昂贵。我们使用前额叶皮层的次数越多，当天晚些时候为其提供的能量就越少。这就是为什么意志力往往在晚上蒸发，而我们应该在早上进行优先排序和做出艰难决定。

第二个缺点是前额叶皮层有点喜怒无常。条件必须恰到好处它才能正常运行。耶鲁大学神经科学教授艾米·安斯顿（Amy Arnsten）戏谑地称其为“大脑中的金发姑娘”。一旦压力过大或疲劳过度（这在一天之内很容易发生），前额叶皮层功能就会急剧下降。这正是人的大脑一片空白的情况。前额叶皮层，即大脑的执行功能部分，在此时已经受损。如果此时你站在一百个人面前准备发表重要的演讲，情况就不太妙了。这就是为什么坚持排练如此重要。一旦一项任务根植于脑中，它就不再由前额叶皮层处理。基底神经节（大脑的一个独立部分）会接管日常任务，因为它们不再需要有意识的思考。这个过程比前额叶皮层的工作方式更节能。这也是为什么海军海豹突击队说："在压力下，你无法随机应变，你会降到训练时的水平。这就是我们训练如此刻苦的原因。"不幸的是，对大多数知识性工作，培训和排练无济于事，因为同样的情况很少会遇到两次，因此前额叶皮层会不断被要求采取行动来解决新问题。

7.2.2 边缘系统

位于脑干（通常称为蜥蜴脑）顶部的是边缘系统，由一组包含下丘脑、杏仁核、丘脑和海马体等的结构组成。边缘系统的工作之一是调节情绪。爬行动物没有边缘系统，这就是为什么蜥蜴和蛇见到你不像你的猫或狗那样显得很高兴。除了情绪，边缘系统还负责埃维昂·戈登（Evian Gordon）所说的大脑的首要原则：最小化危险和最大化奖励。大脑会将每个刺激标记为好（靠近）或坏（避免）。有趣的是，边缘系统在感知到威胁时比在感知到奖励时启动更快、更强烈、更持久。作为人类，我们似乎"靠近"是用"走"而"远离"是用"跑"。这就是为什么人类往往会避开有可能失败却蕴含高回报的机会。无论是在商界还是在高中毕业舞会上，避免潜在威胁并继续活着为明天而奋斗比追逐回报要安全得多。这是有道理的，因为我们祖先中只有最警惕的人幸存了下来。

当我们感知到威胁时，大脑中称为杏仁核的一对杏仁状结构会触发战斗、逃跑或冻结反应。当这种情况发生时，皮质醇和肾上腺素等压力荷尔蒙会释放到我们的血管中，为我们的体力消耗做好准备。然而，活跃的杏仁核也会做其他事情。它抑制通往前额叶皮层的神经通路，导致认知功能严重受损。在真正危及生命的情况下，这不是问题——如果你在树林里试图逃离一只熊，你几乎没有需要解决的抽象问题或需要设定的目标。在那种情况下，跑得快可能是你最好的选择（并且你运气好，遇到了一只不饿的熊）。鉴于前额叶皮层的耗能性质，你的身体无法在这种时候以全功率运行。

问题在于，有重要证据表明，大脑无法区分社会威胁（可能导致尴尬的情况）和主要威胁（威胁生命的情况）。这样的结果是杏仁核对其环境不适应，就像只要一有烤面包的味道烟雾警报器就会发出震耳欲聋的警报声，它的过度灵敏可能会成为问题。在尽力让我们活着的同时，杏仁核最终可能会对我们的职业和人际关系造成损害。丹尼尔·戈尔曼（Daniel Goleman）在他的畅销书《情商》（*Emotional Intelligence*）中将其称为“杏仁核劫持”。

对任何想要促进敬业度和协作的领导者或团队成员来说，了解可能使人们陷入压力模式的互动类型很关键。大卫·洛克（David Rock）在其 2008 年的论文《SCARF：与他人合作和影响他人的基于大脑的模型》中，概述了人类社会经验的五个领域。这些领域激活了我们大脑中的威胁和奖励回路，就像任何对生命的主要威胁和奖励一样。其带来的影响是深远的。在这些领域中一个或多个方面的任何感知减少都会引发战斗、逃跑或冻结反应，从而导致一个人的执行功能严重受损，从而影响工作绩效。相反，这些领域的任何感知增加都会激活大脑的奖励中心，从而提高工作绩效。

这五个领域的英文首字母缩写词为 SCARF，内容如下：

- 地位：一个人相对于他人的重要性。让人们置身事外或公开批评他们都可能会降低他们的地位感。而如果他们学习、改进或达到目标，他们的地位感通常会提高。
- 确定性：在特定情境下预测未来的能力。不清楚老板的期望或不知道自己的工作是否安全都会导致确定性降低。在感知到信息缺口时，大脑会填补这些信息缺口，通常是考虑最坏的情况。开诚布公的沟通至少在一定程度上有助于增加确定性。
- 自主性：一种对事件有选择和控制的感觉。被事无巨细地管理和持续被否定会降低感知到的自主性。拥有实现结果的选择和自由度会增加感知到的自主性。
- 相关性：安全感和与他人的联系。在筒仓或偏远地区工作会让我们感觉被排除在大部队之外，就像被排除在社会交往之外一样。一起社交，分享我们个人的方方面面可以增加关联感。
- 公平：平等对待他人和与他人公平交换的感知。裙带关系、特定少数人的特殊津贴或薪酬缺乏透明度会减少公平。清晰透明的决策和任人唯贤可以增加公平。

现在大家应该很清楚为什么所有这些都很重要了。在以创造性、复合的知识工作为主的现代职场中，员工现在的主要任务是创造性思考和解决问题。为此，领导者必须创建一个人们可以有效思考的环境，然后给予足够的自主权，让那些拥有最多信息的人（那些执行工作的人）快速有效地做出决策。领导者和同事很容易在无意中引发威胁反应，这意味着我们必须始终注意我们行为的影响。

思考

你所在组织的环境是否鼓励创造性思维？政策和领导行为如何影响人们的思考能力？是否有机会改进它们以避免压力过大或人们进入威胁模式？

7.3 敬业度管理：从服从到创造力

加里·哈默尔（Gary Hamel）在他的著作《管理的未来》（*The Future of Management*）中概述了人类能力的层次结构及其对竞争成功的贡献。该层次结构的最底层是服从，即服从命令的能力。上一个层次是勤奋，即负责和尽责的能力。再上一个层次是智力，即拥有的知识和技能。然后是主动性，即无须要求即可发现增加价值的新方法的能力。从上往下数排在第二个层次的是创造力，即敢于尝试、有想法、不怕失败。最后，位于最上层的是激情。有激情的人竭尽全力推进工作。激情具有感染力，可以将想法转化为全员行动。

如果可以衡量层次结构中每个能力的相对贡献，我们会看到类似于图 7–3 中的数字。这并不是说底层的那些能力没有用。它们有用，只是它们在世界任何地方都可以轻松获得。然而，在当今快节奏、富有创造力的知识工作者经济中，成功的秘诀来源于我们在组织中那些很少需要管理的事情。事实上，我在大多数组织中观察到的是，绝大多数现有的管理流程和实践都侧重于勤奋和服从。从费用政策到核心工作时间，到治理流程，再到着装规范，都与遵守规则有关。

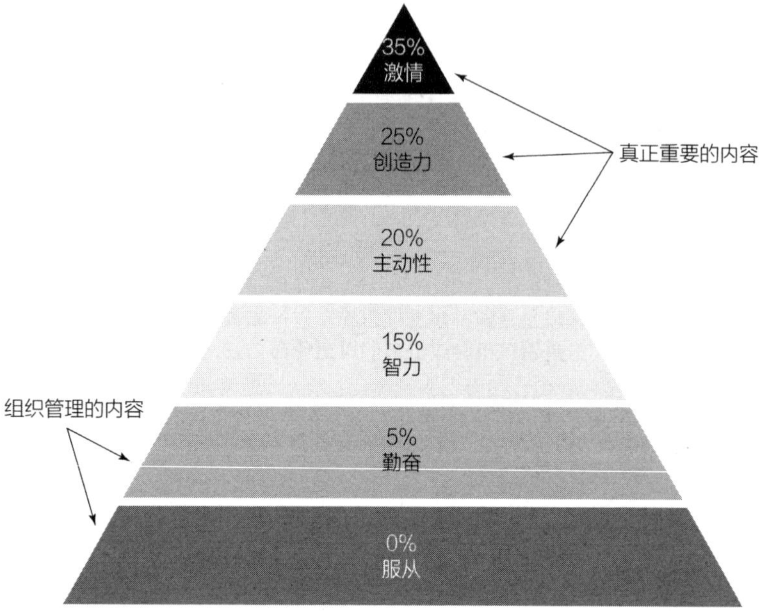

图 7-3 人类能力的层次

当涉及真正重要的内容（即主动性、创造力和激情，尤其是在探索领域）时，组织不仅很少考虑如何实现它们，而且现有政策往往积极地扼杀它们。实际上，这是在鼓励人们将他们最有价值的能力留在门外。谷歌早在 2002 年就认识到了这一点，但对许多人来说，为利用领域设计的工业革命式的管理阻碍了探索性、创新性的工作。没有充满激情、创造性和敬业精神的人一起工作，就没有业务敏捷性或有效的知识工作。如果我们只关注服从性，就没有杰夫 · 迪恩彻夜在 AdWords 上工作。那么，我们如何管理重要的事情呢？

有一个寓言叫“北风与太阳”。故事中，北风和太阳争论谁可以让沿途旅行的人更快地脱下温暖的冬衣。北风自夸实力强大，宣称任务很简单。于是它就猛烈地吹，使得树叶乱飞，树枝也断了。然而，风吹得越猛烈，男人就越是裹紧他的外套。然后轮到太阳了，它从一朵云后面出来，温暖地照在男人身上，男人开始解他的外套扣子。太阳光越来越亮，直到这个人觉得太热了，完全脱掉他的外套。

正如动力、创新、创造力和许多其他东西一样，敬业度不是可以被命令的。就像北风拼命地吹，试图强加这些东西几乎一定会导致与预期相反的结果。根据我的经验，我们每个人都拥有我们前面所提到的所有能力。它们就像呼吸和玩耍一样自然。管理者和组织要做的就是不要把这些能力从员工心中剔除，不要把员工变成为了服从而编程出来的机器。

当然，实现服从正是早期管理先驱们所追求的目标。可想而知，他们并没有尽其所能最大限度地发挥人们的创造力、主动性和激情。他们并不寻求为解决复合的问题和深入思考创造合适的环境。他们没有充分利用员工的创意并调动员工创新的积极性。相反，他们生活在一个组织有效性意味着掌握高效利用的时代——他们真的解决了这个问题。

然而，我们有另一个问题需要解决——掌握探索的领域。为此，我们必须善于创造新事物。我们的竞争优势不是来自对已知解决方案的有效执行，而是来自创造新的解决方案。它不是来自在筒仓中盲目工作的个人，而是来自作为团队一起工作的人——孵化创意、解决问题和创新。作为人类，我们自然而然地就会这样做，所有管理者需要做的就是不碍事。他们必须避免抹杀人们的成功要素。一旦我们理解了这一点，我们就会意识到我们并不是像早期的管理先驱那样违背人性——我们正在和人性合作。我们是在顺风而行，而不是逆风而行。意识到这一点后，生活就会变得轻松一些。以下是从服从管理转向敬业管理的一些指导原则。

7.3.1 完善保健因素

与马斯洛需求层次结构的前两个层次（即生理需求和安全需求，见图 7–4）一样，基础条件从一开始就要到位，否则其他一切都不重要。确实，这些东西本身并不足以创造敬业度。然而，没有这些东西将导致敬业度急剧下降，因为他们为其他一切奠定了基础。这些基础条件包括薪酬和福利、工作空间以及身心健康。丹尼尔·平克（Daniel Pink）在他的著作《驱动力：关于是什么激励着我们的惊人真相》（*The Surprising*

Truth about What Motivates Us）中概述了其数十年的研究，这些研究指出，知识工作者并非主要受金钱激励。他表明，事实上现金奖励越多，绩效越差。金钱和良好的办公环境本身并不能激励员工或提高敬业度，也无助于一个人的身心健康。然而，所有把这些做到位至关重要，否则在更高层次上的努力将失败。大多数组织在这些基础方面做得相当好。

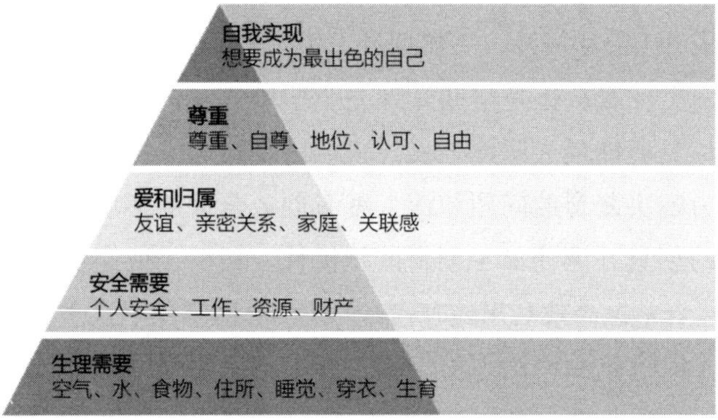

图 7-4　马斯洛需求层次理论

7.3.2　传达共同的目标和价值观

1666 年，大火席卷伦敦，摧毁了当时一些最具标志性的建筑。不久之后，克里斯托弗·雷恩（Christopher Wren）爵士受命重建圣保罗大教堂。之后发生了这样一个故事。他在 1671 年去考察现场，并与三个砖瓦工进行交谈，询问他们是做什么的。第一个人回答说他是“一个砖瓦工，砌砖养家糊口”。第二个人简单地说他是“一个筑墙者，在筑墙”。第三个人站得笔直，回答说他是“一个大教堂的建造者，在建造一座宏伟的大教堂”。我们无法知道这个故事是否真实，但它彰显了一个共同目标的力量。第一个人有工作，第二个人有事业，第三个人有使命。只有第三个人对组织的目标充满激情并与此紧密相连。一个沟通良好的愿景或目标可以成为敬业度的强大助推者。平克将目的性描述为内在动机的三大支柱之一（与自主性和掌握性一起）。你可以在特斯拉公司的愿景“加速世界向可持续能源的转变”中看到这一点。如果有什么事情能让你每天早上都起床，那就是为子孙后代保护地球。

并非每个组织都会有如此远大的抱负，但理解组织背后的愿景能起到巨大的激励作用。即使专注于创造出色的用户体验并以某种方式改善客户的生活，也远比简单地寻求最大化股东价值要好得多。后者无法让任何人早上起床。如果人们不知道为什么要这样做，他们就永远不会对他们的工作充满激情。价值观以期望的行为来支持目的。领导者必须谨慎地将这些价值观有意地嵌入人力资源流程中，这样才能真正起到激励作用，而不是仅靠写在总部大厅墙上的陈词滥调。

7.3.3 建立信任和透明度

根据 2016 年爱德曼信任度晴雨表（*Edelman Trust Barometer*），64% 的高管、51% 的经理和仅 48% 的普通员工信任他们的组织。这意味着层次结构中越底层的人，对组织的信任度就越低。信任是所有关系的基础。缺乏信任是几乎所有团队功能失调的根源。透明度和信任对知识工作者至关重要，因为没有它们，我们的大脑就会感知到我们的安全受到威胁。缺乏透明度会降低我们的确定性，这意味着我们无法预测接下来会发生什么。这是一种生存威胁，此时我们大脑的杏仁核将立即采取行动。在缺乏信息的情况下，人们会填补信息缺口，而且他们往往会考虑最坏的情况。这正是我们进化的方式，也是为什么透明度是建立信任的关键。正如巴飞公司（Buffer）的首席执行官乔尔·加斯科因（Joel Gascoigne）所说："透明度孕育信任，而信任是伟大团队合作的基础。"

充分沟通是关键，即使沟通的不是好消息。组织中的信息应"默认透明"，只有在有正当理由时才保持不透明。巴飞公司（Buffer）公开发布其工资、客户定价模型、收入、股权赠款以及花在务虚会和津贴上的资金。"默认透明"是其核心价值之一。它的领导人不只是谈论它，他们每天都靠它生活和呼吸。这使巴飞公司成为世界上最受信任的组织之一。在公布其薪酬公式后，巴飞公司收到的就业申请增加了 50%。当信息可以自由获取的时候，可供八卦和猜测的东西就会变少。关键是，人们不会为他们不信任的组织做出积极努力。

7.3.4 培养归属感和关联感

正如我在第 5 章中讨论的，归属感对人类至关重要。作为部落生物，我们需要有归属感。我们需要感觉我们和朋友在一起。如果我们感觉在敌人身边，将引发强烈的战斗、逃跑或冻结反应。任何可察觉到的关系下降都会严重损害员工的创造性思维和协作能力，更不用说破坏所有的敬业度。马斯洛需求层次的第三个层次是爱和归属感的需要。这关乎友谊、亲密关系和关联感。所有高绩效团队在这方面都有大量投入。在远程工作日益增多的世界中，在建立凝聚力、安全感和关联感方面，没有什么可以替代近距离的身体接触。把这一点做好，团队绩效将远远超过他们各部分的总和，敬业度将达到顶峰。鼓励团队成员一起参加社交活动是一个非常有用的办法。在下一节中，我将概述一些可以切实加速或破坏这一过程的人力资源政策。

7.3.5 像对待成年人一样对待别人

美国著名律师和政治家亨利·刘易斯·史汀生（Henry L. Stimson）曾说过："让一个男人值得信赖的唯一方法就是信任他。"尽管这种观点很有性别偏见，但听起来确实如此。如果我们像对待成年人一样对待别人，他们通常也会像成年人一样行事。管理者对取消行为控制的主要担忧之一是，如果没有行为控制，人们将不会努力工作，并会试图操纵组织系统。但事实并非如此。这里有许多潜在的假设，有一种理论很好地总结了这一点。道格拉斯·麦格雷戈（Douglas McGregor）在 1960 年出版的颇具影响力的管理著作《企业的人性面》（*The Human Side of Enterprise*）在某种程度上改变了一些管理者对待员工的方式。在其中，麦格雷戈描述了两种人性理论。X 理论假设人们不喜欢工作、逃避责任，需要不断地指导和强迫才能完成工作；没有野心，因此需要贿赂或威胁才能让他们工作。这与早期管理先驱的观点非常吻合。当我问企业客户他们是否认同这种描述中的自己时，很少有人认同，但他们承认他们的许多组织政策似乎就是基于 X 理论的假设而建立的。从要求上级领导在小额开支上签字，到跟踪假期，再到执行严格的着装规范，基本的假设似乎就是需要大量控制。

然而，也存在一组相反的假设。这些构成了 Y 理论的观点。该观点假设人们乐于主动工作、愿意承担责任并自我激励；享受决策，并能够创造性地、富有想象力地解决问题。许多人认同这种描述——事实上，它更能反映人性。虽然人们有时会表现出 X 理论描述的行为，但这些行为往往是由他们工作的组织造成的。如果一家企业认为其员工士气低落，则该企业要么是雇用了士气低落的人，要么是雇用了士气高昂的人却使他们失去了动力。两者都对组织不利。如果员工被当作孩子对待，他们的行为可能确实会像孩子一样。

正如我前面讨论过的在两周青少年工作经历中发现的那样，环境的变化可能导致行为的巨大变化。就我而言（对许多人也一样），被赋予对结果的完全所有权和自主权改变了一切。正如维萨公司（Visa）的创始人兼首席执行官迪伊·霍克（Dee Hock）曾经说过的那样："简单、明确的目标和原则会引发复合而明智的行为。复杂的规章制度会导致简单而愚蠢的行为。"这里有个很棒的例子。通用汽车公司首席执行官玛丽·贝拉（Mary Berra）用 4 个字代替了 10 页的着装规范："穿着得体。"奈飞公司（Netflix）的费用政策则简单地表述为："以奈飞公司的最佳利益行事。"许多组织也在做诸如取消假期限制这样的事情，取而代之的是相信他们的员工会做正确的事情。这就是基于规则的管理和基于价值观的管理之间的区别。一个是敬业度杀手，另一个是敬业度的推手。后者的收益远远大于其风险。

7.3.6 最大化自治

丹尼尔·平克提到的内在动机三大支柱中的第二个是自主性。如果你需要服从性，传统的管理政策可能会很有效，但当目标是敬业、创造力、激情、主动性和所有其他推动实体前进的能力时，自治和自我指导才是正确的方法。在第 4 章中，我们介绍了如何分配权限以使其与信息在一起，以便更快、更好地做出决策。这种分配也是敬业和激励的强大驱动力。没有成年人喜欢被人事无巨细地管理，整天被告知该做什么。有些人可能看起来很喜欢这样，但我发现在那种情况下，人们往往会因为受恐惧和责备的文化影响而觉得自己做决定不安全。一旦文化的问题被解决，人们就会站出来并开始控制局面。任何试图控制孩子的人都知道，对生活的选择感和控制感的降低会在大脑中产生强大的威胁反应。正如我们之前在 SCARF 模型中看到的那样，自主性对于保持人们的前额叶皮层运作和思考至关重要。自由和尊重是马斯洛需求层次模型中自尊层次的关键方面——从上往下数的第二个层次。尽可能赋予人们最大的选择权将带来超高的敬业度。管理者应该不断地问这样一个问题：如何让执行工作的人在实现结果方面获得更多的控制权和灵活性？

7.3.7 支持学习和成长

内在动机的第三个也是最后一个支柱是掌握性。这符合我们的地位感，也是 SCARF 模式的一部分。这方面的改善能提供强烈且令人上瘾的多巴胺刺激。每当人类获胜时，他们的大脑都会收到奖励反应——即使是在与过去的自己竞争时也是如此。学习、成长和朝着目标前进是敬业度和奖励反应的强大驱动力。无法进步可能会导致出现威胁反应并增加压力。自我实现（即成为最好的自己的愿望）也恰好位于马斯洛需求层次结构的最顶端。明智的领导者能认识到这一点，并专注于通过辅导和指导来发展周围人的能力。在这方面取得成功的关键是让人们自主决定他们的成长目标，用时间和资源支持其成长，并接受失败是成功的必要先决条件。这些东西必须融入人力资源流程中。下一节我们将详细介绍这一点。

7.3.8 实践认可和感激

认可是人们能得到的最重要的东西之一，而且给予它非常容易。认可和感激都在马斯洛的需求层次模型中排名靠前（从上往下数排第二，即受到尊重的需要），这与大脑对地位和亲缘关系的渴望有关。当我们被认可时，就表明有人注意到了我们的所作所为并且关心我们。在没有人注意到的情况下，你有多大可能对一项任务采取积极的努力？说“谢谢”或“干得好！”不仅仅是感激，它还强化了一种归属感，这种归属感会带来安全感、关联感和动力，这些都是具有传染性的。对他人长期服务的认可和感激不应该仅仅以送一块金表的形式呈现，而是应该鼓励人们与组织的价值观同生活、共呼吸，并鼓励促进出色的团队合作、产品、服务和客户指标的行为。

在给予认可和感激的过程中，需要注意三点：（1）认可需要及时和持续。这应该是每天都做的事。（2）这不是钱的问题。一句“谢谢”会激活大脑中与现金奖励相同的奖励回路，因此这并不是需要花钱的事情。（3）注重管理者和同事的认可。与管理者的认可相比，同事的认可在提高留任率和财务业绩方面的可能性要高35%。两者都很有价值，但似乎我们更看重被我们的同事而不是直接管理者赏识。

虽然刚刚提到的几项原则对所有类型的工作都很重要，但在探索领域工作和寻求业务敏捷性时其绝对是必不可少的。这需要团队成员通力合作，并围绕知识工作进行创造、试验和创新。将这些方面对应到第5章中介绍的竞争价值观框架，我们发现许多方面都是合作型文化的标志，且在某种程度上也是创造型文化的标志。如第4章所述，促变型领导可能会专注于创造高度敬业的环境，就像遵循基于意图的领导模型的领导者一样。有人可能认为这里还缺少的一项内容是心理安全。但是，如果刚才提到的几项原则都遵守了，特别是培养归属感和关联感，人们就会感到心理安全。安全感是这里讨论的指导原则的结果。这个结果实现以后，人们会感到足够安全，可以承认错误、寻求帮助或提出疯狂但可能绝妙的创意。我们已经介绍了一些通用的原则，现在让我们深入研究一些具体的人力资源实践。

思考

你的组织对敬业度与服从性的管理有多少关注？有哪些机会可以改变政策以提高敬业度？在本节讨论的哪些方面做得好？哪些方面可能需要更多关注？

7.4 重塑人力资源：21 世纪的方法

与本书涉及的许多管理领域一样，人力资源管理以某种方式运作已有一段时间了。与许多其他领域一样，曾经有一段时间传统的方法在一定程度上是有效的。随着过去几十年 VUCA 水平的急剧增加，完成工作的环境发生了巨大变化。然而，人力资源管理整体上的变化并没有那么快。那些曾经让许多人去上班并服从管理的有效方法，被用来激励 21 世纪从事创造性的、复合的探索性工作的知识工作者似乎没有效果。简而言之，许多人力资源政策似乎是为了实现服从、勤奋和运营效率，而不是释放员工的主动性、创造力和激情以便他们进行探索和创新。那么问题就变成了："我们如何重塑人力资源系统和流程，以确保人们每天都能将最有效、最有创造力、最敬业的自我投入工作中？"专注于前面讨论的指导原则会是一个很好的开始，但我现在要针对更传统的人力资源或直线管理流程提出一些不同的方法。

7.4.1 绩效管理

不管是评估绩效的人还是被评估的人，没人会喜欢年度绩效评估的过程。它们是回顾过去的，但没有人记得 3 个月前的事，12 个月前设定的目标也往往已经过时。这些评估总体上提供的价值很小。根据盖洛普的说法，只有 14% 的员工认为绩效评估能激励他们改进。绩效评估成本高昂，而且往往弊大于利。难怪许多组织已经放弃了这个过程。微软、IBM、德勤（Deloitte）、奥多比（Adobe）、埃森哲（Accenture）、通用电气和普华永道（PWC）等组织都放弃了这种过时的方法。每当我与领导们谈论人力资源管理时，我都会问同样的问题："为什么我们将评估员工绩效的节奏与地球绕太阳运行的节奏保持一致？"这通常会引起一丝假笑，他们除了说"一直都是这样做的"这句话之外完全说不出其他理由。这句话的意思是"是时候探索一些不同的方法了"。有充分的理由表明年度绩效评估曾经是合适的。在世界的变化速度慢得多的时代，有年度绩效评估可能就足够了。然而，如今 12 个月的评估时间间隔太长了——在短短几周内可能会发生太多变化，以至于任何年度讨论都会过时。

在这方面做得好的公司往往有一些共同点：（1）一直在进行评估和反馈。每周一两次的一对一评估更有前瞻性，专注于帮助员工成长并在当下及时获得反馈。这使得该过程不再是评估，而是一次常规的谈话。（2）这些评估不仅仅由管理者完成。随着工作变得更具有复合性、相互关联性和创造性，管理者不再可能真正了解下属在做什么。当他们甚至可能与他们管理的团队不在同一地点时尤其如此。在这种情况下，人们有理由质疑管理者是否是判断绩效的最佳人选。奈飞公司现已转而采用频繁的 360 度评估流程。该流程不再关注管理者，而是让每个团队成员回答三个问题：你应该停止做什么？你应该开始做什么？你应该继续做什么？这种及时、相关、前瞻性的反馈让组织可以应对快速变化的环境并轻松调整方向。

7.4.2 薪酬和激励

众所周知，外在激励因素（即胡萝卜加大棒）往往会破坏内在动机，即我们的内在动力。研究员爱德华·L. 德西（Edward L. Deci）指出："薪水和解雇通知书可能是每天起床上班的有力理由，但在激励人们表现出最佳状态方面是惊人地无效，甚至适得其反。"研究表明，薪水并不会带来激情。然而，组织持续地将提供奖金和其他奖励当作主要手段，想让人们在工作中做得更多、做得更好。

没有人会质疑良好的薪酬和福利是重要的，但它们作为最根本激励的想法是基于 X 理论的世界观。这种观点认为人们不会工作，除非他们被某种方式引诱或胁迫。具有讽刺意味的是，把所有的重点都放在金钱上，就剥夺了那些做工作的人的自主性。如果工作完全变成了做别人想做的事，就会降低内在动力。当三大支柱（即自主性、掌握性和目的性）都到位时，就没必要采用这种过时的方法。

关于激励，另一点需要注意的是组织应该仔细考虑他们的激励措施。

我在这方面遇到的最大挑战是，如何给个人提供激励使得人们将团队放在首位。伟大团队的标志之一是有共同的责任感。如果组织希望看到团队合作、协作、更广泛的学习和团队第一的心态，他们应该考虑如何在这些方面进行激励，而不是狭隘地专注于发展一项专业技能以及每个人如何单独完成工作。

诸如员工排序这样的政策（让经理根据员工的表现对员工进行排名）被证明可能是特别有害的。前 10%~15% 的员工获得奖励，后 10%~15% 的员工进行绩效评估（有时甚至被解雇），其结果往往导致过度竞争以及由于担心被超越而不与他人分享知识。鼓励人们将自己的利益置于团队利益之上的行为几乎总是会导致不良竞争和缺乏合作。当微软取消其员工排序时，团队合作有了巨大的提升，许多人认为这有助于公司的重新崛起和创新精神的复兴。当我们为销售团队引入基于团队的提成时，我的公司出现了类似的反应。突然间，团队成员合作比竞争更有意义。就像著名的囚徒困境悖论一样，最好的结果是共同努力的结果。

关于薪酬和激励最后要说的一点是，要让过程尽可能透明。每个人对“公平”的含义都有不同的理解，但只要人们知道事情发生的原因，就会减轻不公平感。确定性和公平性是影响威胁反应的关键社会要素，组织必须把工作做在前面。像巴飞公司那样透明的薪酬公式不会为裙带关系或不公平的指控留下任何空间。

7.4.3 学习与发展

前面我们明确了为什么学习和成长如此重要。它是敬业度、动机、组织绩效的重要驱动力。大多数人倾向于在一个能成长的地方工作。缺乏成长机会是人们离职的常见原因。组织的好坏取决于其中的团队，而这些团队是由人组成的。投资于学习和发展可能是领导者做出的最佳投资。敏捷组织由优秀的人组成，他们能够快速而有创造性地应对即将到来的任何战略挑战。

除了致力于投资于人的成长之外，还有几点需要考虑。一是鼓励人们自主成长，制定自己的发展目标。这会对他们的自主感产生强大的影响。此外，还须设定一个比 12 个月更短的目标。季度个人目标和关键成果法（objectives and key results，OKR）很有效，在此基础上再加上每周检查进度及一些必要的指导。目标和关键成果法的关键是将薪酬和绩效对话与成长激励分开。将人们聚在一起，不断激励，设定更小、更容易实现的目标。这个过程不应该是关于绩效的，而应该是关于成长的。

7.4.4 反馈

在介绍了绩效管理和学习与发展两个部分的反馈之后，我想强调一些可能导致反馈无效的事情。反馈是让人感到恐惧的词语之一，就像在黑夜听到身后的脚步声一样。之所以如此，是因为它触及了被我们大脑视为威胁的所有 5 个社会领域。它威胁到我们的地位感，因为反馈通常来自与我们有类似亲子关系状态的上司。它威胁到我们的确定感，因为我们往往不知道会发生什么。它威胁到我们的自主感，因为我们很少能控制这个过程。它威胁到我们的关联感，特别是当反馈是负面的时候。它威胁到我们的公平感，因为反馈往往是主观的。因此，亚伯拉罕·N. 克鲁格（Avraham N. Kluger）和安吉洛·德尼西（Angelo DeNisi）的研究表明，在提供反馈后有 21% 的情况绩效会提高，而有 38% 的情况绩效变得更差，这并不奇怪。这是因为一旦我们关闭前额叶皮层，我们的认知功能就严重受损。任何提供反馈的人都应该牢记这一点，并尽力减轻上述威胁。

7.4.5 职位描述

具有严格的活动和角色定义的传统职位描述可能在工业革命期间起到了作用，但今天，组织的基石是团队，而不是个人。团队需要重叠的技能，需要协作，并且在遇到瓶颈时需要有人介入。简而言之，我们需要具有广泛技能基础以及在一两个领域有深厚知识的人。这些人通常被称为 T 型人才，T 型反映了他们技能的广度和深度。这意味着组织需要从职位描述转向文化契合性招聘，并培养员工广泛的软技能和硬技能。最终，应该允许人们成长到任何他们心仪的领域。这将为组织与员工间的雇用过程注入无限的能量。

正如你所看到的，人力资源部门的工作目标没有改变，最终都是为了让组织中的人发挥最大的作用。对现代创意经济，它意味着管理高度敬业、自主性和成长。它意味着创造一种人们可以建立深厚联系和信任的环境，然后共同创新、探索新想法、解决复合问题，所有这些都以心理安全为基础。这意味着要寻找新的工具和流程来支持心理安全。

思考

你组织中的人力资源政策与创造性知识工作的一致性如何？你的人力资源政策是促进还是抑制敏捷性的？书中讨论的哪些方面有助于改进你的人力资源政策，使其与高绩效、创新团队更加协调一致？

本章小结

- 员工敬业度是业务成果最重要的指标，但经常被组织忽视，导致员工普遍的不敬业和表现不佳。
- 为了思考、协作和发挥创造力，人们需要合适的条件来使大脑的前额叶皮层有效运作。领导者必须努力创造这些条件。
- 敬业度是无法被命令的。它是加强人与人之间某些行为和联系的组织政策的产物。
- 传统的人力资源政策旨在实现服从性。必须对它们进行改造，以最大限度地提高敬业度、成长和协作。

业务敏捷性的关键实践

- 系统地跟踪员工的敬业度，并采取措施不断改进。将敬业度视为判断组织有效性的最重要的指标。
- 在可能的情况下，废除旨在实现服从性的政策，并更多地关注那些激发创造性思维、激情和主动性的政策。
- 将强大的共同目标和价值观置于沟通和决策的核心。用组织政策强化他们。
- 通过信任人们并将其视为负责任的成年人来实践 Y 理论的观点。通过极度透明和开放、诚实的沟通来建立信任。

- 创造一个环境，使团队可以通过同事和管理者经常性的认可和感激建立牢固的联系并获得高度的归属感。
- 在工作和职业发展上给人们最大的选择权。不断地问这样一个问题：怎样才能安全地下放更多的控制权？
- 用时间和资源鼓励和支持人们的成长和学习。致力于培养多技能、协作的人员（专业通才），而不是在筒仓中工作的单科专才。
- 从年度回顾性的绩效评估转变为关于目标和成长的频繁、前瞻性的指导对话。以一种不会引起威胁反应的方式，及时提供有建设性的反馈。
- 尽可能为内在动力创造环境，而不是依赖胡萝卜加大棒的方法。要使合作最大化，就要在团队而不是个人层面进行激励。

| 第 8 章 |

治理方法和投资方式

当原计划不再代表最佳的经济选择时，盲目地遵守它是愚蠢的行为。

——唐纳德·赖纳特森（DONALD REINERTSEN）

在本章中，我们将探讨：

- 有多少传统组织采用投资项目的方式，这些方式带来了怎样的挑战
- 如何重塑投资和治理流程，以实现创新和敏捷性
- 在产品生命周期的每个阶段提供有效治理的一些工具和技术

8.1 预算、项目和产出：建造纸牌屋

乐土公司（Better Place）成立于 2007 年，其梦想是彻底改变以色列的汽车行业。它的宏大愿景是为其销售的电动汽车提供电池充电和电池更换服务。这些汽车会以低价出售，而电池服务则使用按英里付费的模式。为解决汽车电池续航里程短的问题，客户可以去车站网络中的任何一个充电站充电，或者在车站将没电的电池换成充满的电池然后直接开车离开。后一种方法不需要等待电池充电，机器人在 5 分钟以内取出没电的电池并换上充满的电池。在风险投资的支持下，乐土公司筹集了约 8.5 亿美元，使其可以投资修建 37 个更换站和充电站。拥有电池的所有权意味着乐土公司可以将汽车本身的成本保持在较低水平，只需按月收取电池费用。

乐土公司的项目价值分析和前景看起来很乐观。鉴于以色列的石油成本高昂，以及人们希望摆脱为许多敌对国家提供能源，大家对这项投资持乐观态度。主流的观点认为它已做好了成功的准备。可悲的是，与众多风险创业一样，结果与最初的乐观并不吻合。2013 年，在仅售出 750 辆汽车后，乐土公司申请破产保护。尽管有大肆的宣传、吸引人的项目价值分析和乐观的态度，但它忘记了一件重要的事情：测试它所依赖的假设是否真的成立。

每天都有无数类似的例子在不同的组织中上演，产生不同程度的影响。西蒙·库彻（Simon Kutcher）的研究表明，72% 的新产品都失败了。难怪在麦肯锡的一项调查中，94% 的经理表示他们对公司的创新表现不满意。虽然业务敏捷性的其他 5 个促进因素中的任何一个都可能导致创新绩效不佳，但我觉得主要原因在于组织一直没能解决下面这个最重要的促进因素：资金投资于计划的方法，以及这些计划的运行方式。无法逃避的现实是，我从未见过或听说过一个组织在保留传统治理方法的同时能成功提高其业务敏捷性。业务敏捷性研究所（The Business Agility Institute）在其《2020 年全球业务敏捷性报告》中支持了这一点，该报告将有适应性的、基于结果的融资模型作为业务敏捷性的 3 个关键预测因素之一。

除非是某人的生日，否则惊喜往往是一件坏事，这一直是过去管理的通识。加里·哈默尔（Gary Hamel）将管理描述为“对不规则行为进行规范化的无止境追求”。规范性是通过各种传统管理实践（如标准化、计划和控制）实现的。从理论上讲，规范性和可预测性有助于达到时间表要求及预期目标，并且能证明对工作流程的某种程度的控制——无论这种控制是真实的还是想象的。这些传统的管理实践包括详细的项目价值分析、计划、严格的治理流程和一群控制者。然而，正是这种对规范性、可预测性和控制性的推动，阻碍了团队在探索新领域时的表现。要知道，伟大思想的出现没有任何规范性和可预测性。

尽管如此，我曾经因为一个“失败”的项目而被提拔。原因是什么？我确保了按时、按预算、在商定的范围内交付产品。任务完成，大家拍手称快。唯一的问题是很少有人使用过该产品，而那些使用过的人都不喜欢它。虽然传统的成本核算反映了我们在交付方面的效率，但实际上该项目是对企业资金的巨大浪费（大约500万美元）。这件事没有透明度，也没有引起任何反响。从交付的角度来看，所有成功标准都达到了。作为一个项目，我们始终保持准时，这在该公司中是罕见的。我想说这是由于我出色的项目管理技能，但实际上是因为由一流人才组成的团队让我的工作轻松了很多。问题出在构建可预测的产品和制定计划方面，但在执行过程中没有问题。

多年来，通过与管理者的对话和对流程的观察，我提炼出大多数治理和投资模型（比如因为我交付了一款糟糕的产品而奖励我的那个模型）背后的潜在假设。这些假设引发了一系列控制措施。从假设的角度来看，这些措施非常有意义。这些假设如下：

1. 我们有可能预知能让我们的客户满意并带来最高回报的解决方案。

2. 我们有可能预知开发一个初始解决方案需要多长时间以及需要多少成本。

3. 远离客户的集中式官僚体制最适合挑选最佳的创意。

4. 随着计划的进行，情况几乎不会有什么变化。

对于坚信这四个假设的管理者来说，基于在经过数月详细分析后创建的项目价值分析中呈现的投资回报数据，通过少量的大额投资来管理投资是完全合理的。然后遵照商定计划来跟踪开发进度也是完全合理的。使用成本核算以可能的最低成本提供已知的解决方案，以最大限度地提高运营效率和基于产出的生产力，同样是完全合理的（见图8-1）。如果可以正确识别出少数高价值计划，为什么还要继续探索其他任何东西？如果可以预先确定最佳解决方案，为什么还要在整个过程中浪费时间寻求反馈？最好锁定范围并高效执行，同时在执行过程中找出并纠正所有偏差是更好的方法。因此，一些管理方法开始变得合适，包括下面的这些。

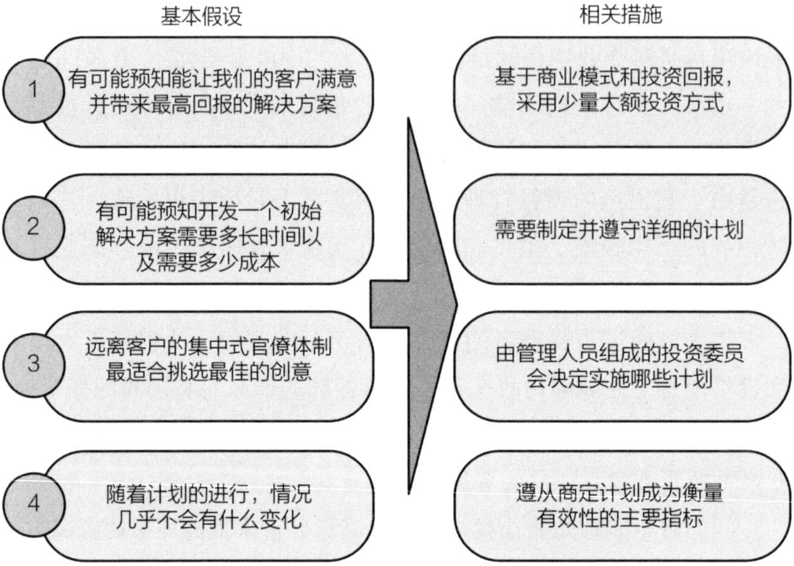

图 8-1　支持传统治理和投资模式的关键假设

8.1.1　项目和产出

项目的概念已经存在了几个世纪，但直到 20 世纪中叶，项目管理才作为一门正式学科出现。现在项目在各种组织中无处不在，以至于人们很少质疑为什么几乎所有非日常工作都包含在项目中。项目为工作带来秩序感、控制感和可预测性。每次做年度预算都会审批项目。人们将详细的项目价值分析和计划进行比较，并挑选出其中最有前途的那些。锁定范围、预算和时间轴意味着人们知道他们将获得什么、何时获得以及将花费多少。这为决策者提供了极大的安慰。然后根据基线计划跟踪项目，以确保在达成一致的产出交付之前，实际与计划差异最小。

8.1.2　成本聚焦

预算（Budget）一词来自古老的法语 bougette，意为用来装硬币的小袋子。这个词在英格兰诺曼统治时期融入了英语。它还指装有君主要求议会拨款的文件的小袋子。预算代表了在任何给定时间段内可以花费什么的限制。与项目管理一样，很难想象一个不存在业务预算的世界。事实上，直到 1922 年，会计师詹姆斯·欧．麦肯锡（James O. McKinsey，麦肯锡咨询公司的创始人）在他的著作《预算控制》（*Budgetary Control*）中推广了这一概念。随着成本核算的出现，以成本为中心的指标被用来衡量部门绩效。挑战在于以尽可能低的成本交付商定的产出，以尽可能提高效率。

这和无数其他措施一样，背后的意图都是好的。在实施时，领导者要尽力正确地回答四个关键问题：

1. 组织的宝贵资源是否分配给了影响最大的计划？
2. 当前和未来的举措是否与组织的战略保持一致？
3. 是否以妥善的方式处理了提出的解决方案？
4. 提出的解决方案是否符合要求且不太可能使组织面临风险？

这些问题代表了寻找新产品、服务或商业模式时的关键风险点。问题不在于寻求减少这些风险（不这样做是疏忽大意），而在于组织选择如何减少风险背后的基本假设。再说一次，了解如何减少风险需要理解工作的真正本质。

思考

支持你组织中的管治模型的假设是什么？他们是否认识到开发新产品和服务的内在不确定性？后续政策是敏捷性的推动因素还是阻碍因素？

8.2 客户、价值和结果：驯服不确定性

2002 年，卡泰丽娜·费克（Caterina Fake）和斯图尔特·巴特菲尔德（Stewart Butterfield）研发了一款名为《游戏永不止》（*Game Neverending*）的网络游戏。由于聊天室消息是游戏的关键部分，费克和巴特菲尔德决定开发实时照片共享功能作为其中的一部分。然而，这个游戏对大多数

人来说太复杂了，无法吸引足够的玩家。由于未能产生足够的收入来维持生存，游戏最终被关闭。然而，巴特菲尔德注意到照片共享功能很受欢迎。2004 年，他和费克决定在他们的网站上放置一个原型，允许在线共享和管理照片。一年后，他们的平台 Flickr 以 4 000 万美元的价格卖给了雅虎公司（Yahoo）。

2009 年，巴特菲尔德并未因《游戏永不止》的失败而气馁，他决定再次尝试实现他多人在线游戏的梦想。这次游戏命名为 Glitch，是他之前游戏的更新版本。尽管从投资者那里筹集了大约 1 700 万美元，Glitch 仍未能吸引到足够多的玩家，并且在 2013 年也耗尽了资金并被关闭。巴特菲尔德再次设法从灰烬中救出了一些有价值的元素。由于发现当时可用的所有沟通工具都不尽如人意，该团队开发了自己的内部沟通和协作工具。当 Glitch 游戏被关闭时，聊天工具 Slack 被保留并延续下来。在首次公开募股后，Slack 的估值超过 240 亿美元。

在绝大多数组织中，巴特菲尔德的努力都会导致失败，且本该就这样结束了。那么，他是如何两次从失败的虎口中夺取成功的呢？正如我们在前几章中看到的那样，组织认识到不同类型的工作需要不同的方法是至关重要的。为了强调这一点，我们现在将探讨一个我以往在领导方面运用得很好的概念：设计和建造之间的区别。

传统上，建筑行业将这两项活动分开，通常中间有一个投标的步骤，不同的承包商投标建造工程。首先，设计是由建筑师、结构工程师和同样训练有素的高收费团队进行的。这是一个创造性的、迭代的和极其不可预测的过程。它涉及寻找正确的设计，必须经过多轮反馈。团队很少以他们期望的方式结束。这是一个伟大的设计从一团乱麻中诞生的无序的过程。一旦最终确定了可接受的设计，就会制定其建造计划，并将蓝图移交给其他团队或公司执行。

一旦进入建造阶段，工作的性质就完全不同了。设计最重要的方面是正确地进行设计并创造价值，建造中最重要的是有效的执行。这项工作的跟踪方式完全不同。它不再主要由价值创造驱动，而是开始由遵从计划驱动。正如我因按时按预算交付不良产品而获得奖励一样，承包商的评级也是基于他们对计划的遵守程度。当涉及建造而不是设计时，规划方法不同，管理工作的方法不同，关键绩效指标也不同。从寻找正确的设计（一个创造性过程）到执行该设计（一个可预测、可规划的过程），有一个清晰的过程。大部分时间都花在了执行上。

正如我在第1章中讨论过的，当工作很复杂时，我们仍然可以很好地理解它以制定有用的计划。建筑工作通常就是这种情况，专家的预先分析是一种有效的降低风险的方法。因此，设计—投标—建造的线性过程在这里是有效的。然而，对复合的工作（创造新事物通常是很复合的工作），这种线性方法是不可能起作用的。太多的工作分支以及这些分支之间的多重交互使得建模几乎不可能，并且“信念飞跃”式（出于信仰某事而做出冒险、不计后果的举动）的大胆假设数量迅速增加。不顾环境极大的波动性、不确定性和模糊性，试图通过分析和制定业务计划来提前了解任何事情是徒劳无功的。这往往是设计工作的本质。创新中最大的错误之一是认为产品、服务和商业模式可以在分析之后像建筑一样预先设计，并且设计和建造过程可以分开并以相同的顺序方式来处理。正是这个错误支撑了我之前提到的假设。彼得·德鲁克曾经这样说：“当一家新企业取得成功时，通常它所处的市场与它最初打算服务的市场不同。其产品和服务与当初的产品和服务也不完全相同，大部分都是由它开始时甚至没有想到的客户购买的。除了最初设计的目的外，产品和服务还会在发展过程中逐渐丰富。”

如果创新主要是“建造”，那么假设就会成立，并且跟踪结果和遵从计划将是一个合适的绩效指标。实际上，创新时需要的是设计和建造活动的完全整合。它不再是一个线性的、顺序的过程，而是变成了一个设计和建造齐头并进的过程。就像我们常说的阴阳一样，它们相互联系、相互依存、相互补充。设计影响建造，建造影响设计，以至于几乎无法区分它们。探寻最佳机会和执行方案合二为一。在我工作过的最有效的组织中，每一个组织都将新知识创造视为一个设计过程，一个探寻和反馈紧密结合在一起的过程（见图8-2）。

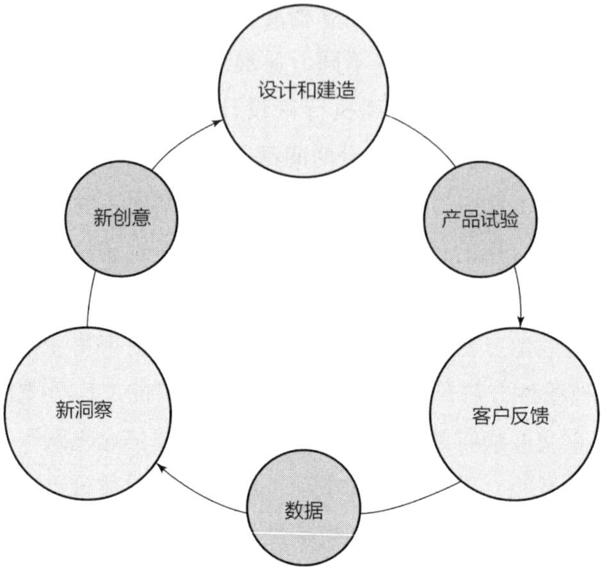

图 8-2 设计与建造的融合

将设计与建造分开是行不通的。它们必须同时发生。从这个视角来看待工作的人最终会对如何处理工作产生四种截然不同的基本假设。这些假设如下：

1. 无法预知能让我们的客户满意并带来最高回报的解决方案。

2. 无法预知开发初始解决方案需要多长时间以及需要多少成本。

3. 最好的创新来自客户和工作人员之间的碰撞。

4. 当我们通过反馈进行学习时，事情会发生很大变化——我们需要对此做出回应。

对于认可这四个假设的管理者来说，通过大量的小额投资，并仅对那些基于真实客户数据被证明具有可行性的计划增加投资是完全有意义的。根据深刻的洞察和交付的价值而不是根据产出的产品来跟踪计划的进度是有意义的。建立频繁的“检查和调整”点，以确保产品能够解决客户问题，并提供实际价值，这是非常有意义的（见图 8-3）。在我们拥有最少信息的时候，如何做出重大的投资和解决方案决策？正如管理大师史蒂芬·柯维（Stephen Covey）所说："如果梯子没靠在正确的墙上，我们每走一步都会更快地到达错误的地方。"任何不能通过寻求频繁的反馈、学习和过程纠正来降低风险的方法都将在高水平 VUCA 环境中失败。

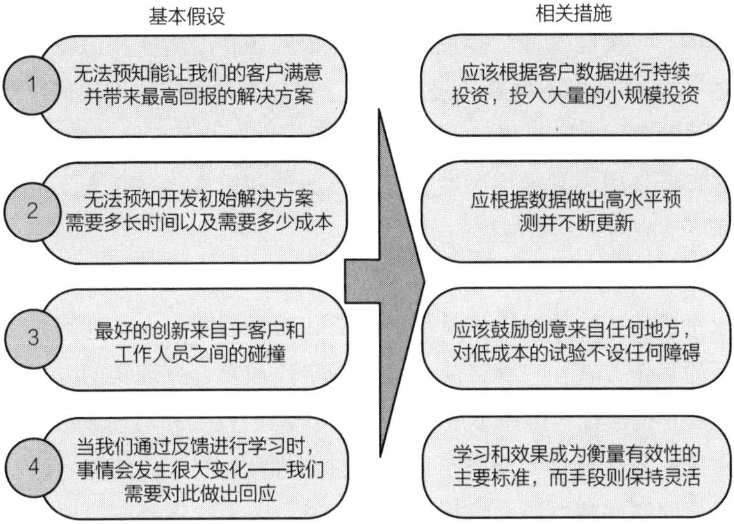

图 8-3　支撑现代治理和投资模式的关键假设

回到巴特菲尔德作为企业家的过山车之旅，很明显，他的故事有一条主线贯穿始终。他的成功不是通过最初的预测和是否符合计划来衡量的——按照这些标准，他的两次冒险都是令人难以置信的失败。相反，巴特菲尔德的成功是通过结果来衡量的。实现这些结果的方式是完全灵活的，这使巴特菲尔德成为亿万富翁。Flickr 和 Slack 永远不会出现在包含详细商业模式、计划、时间表和成本核算的环境中。这些正是扼杀创新和适应性的管理方法，因为在创新的过程中会出现太多新信息，而且无法预知。创新本质上是不可预测的。

传统的由成本核算驱动的管理实践和对可预测性的执念，阻碍了创意设计中探寻的过程。传统管理方法针对可预测、可规划的建造过程和执行进行优化。性能指标包括资源利用率（在第 6 章中讨论过）、效率和与计划的一致性。这些面向内部的措施完全忽略了客户，以及通过寻找机会和设计出色的解决方案来实现价值的机会。简而言之，成本核算和项目主要属于利用领域，而不是探索领域。

那些无法影响治理政策的人经常问我的一个问题是："如果一旦确定了前进方向就不能偏离范围，我们如何还能敏捷地工作？"这是许多人的处境。我所能做的只是重新构建这个问题，因为我相信他们想说的意思是："如果我们不对变化做出反应，在这个过程中我们如何应对变化并吸取关键教训？"很明显，他们的流程锁定在业务刚性（敏捷的敌人）中。这大概是因为领导层高度重视可预测性和效率。一个人不可能既是刚性和可预测的，又是敏捷的。

这种刚性的方法必须被改造，以使组织适应21世纪，并能够在探索领域取得成功。这种再造涉及帮助投资和治理领域的人员理解并接受一种全新的工作方式，一种接受高度不确定性和复合性现实的方式。尽管这可能具有挑战性，但在不重塑20世纪中叶的投资和治理方法的情况下寻求实现业务敏捷性，相当于试图通过20世纪90年代的拨号调制解调器来播放网络高清电影。结果肯定行不通，因为这不是旧模式设计的目的。如果工作没能按计划推进，领导者就会感到沮丧。为了实现预期的结果，组织需要一种更现代的方法，一种认识到创新和产品开发具有不可预测性的方法。这是风险投资家几十年来一直采用的方法。

显而易见的是，花费数月时间制定一份80页的商业计划，用一大堆电子表格来支持，然后要价数百万美元，这是浪费钱的最佳方式。受到陆军元帅赫尔穆特·冯·毛奇的启发，企业家兼作家史蒂夫·布兰克（Steve Blank）曾经说过："没有哪份商业计划能活过与用户的第一次接触。"对组织而言，如果这种确定性能够通过预先思考和计划来实现，如果电子表格能准确预测客户和市场行为，以及如果世界停下来等我们推出产品和服务，那么工作就会容易得多。我理解组织对确定性的渴望。寻求确定性是人类的天性。几个世纪以来，不确定性对我们的祖先意味着潜在的危险，我们已经进化到对不确定性保持警惕。在一家大型投资管理公司的高层研讨会上，有人问我，人们如何在不确定结果的情况下做出投资决策（有时是高达8位数的投资）。讽刺的是，我提醒他们，他们的生意本来就是一种不确定的追求。事实证明，他们已经知道如何在高度不确定的环境中管理风险——通过投放多个小额投资，寻求持续的反馈，然后根据反馈调整后续投入。

> **思考**
> 在你的组织中，投资是基于项目还是基于产品？这有什么影响？能否改进你的管治模式，使其更符合工作的创造性和不确定性？

8.3 管理投资组合：在正确的时间使用正确的工具

将一种新药推向市场大约需要12年的时间和14亿美元。由于成本高，制药公司会申请专利以阻止其他公司在一段时间内制造相同的药物。虽然大多数专利自申请之日起有效期为20年，但实际上，其中大约一半的时间花在了为获得药物批准而进行的临床试验上，一旦产品上市，平均只有10年的保护期。在专利窗口期间，药品价格居高不下，但一旦专利到期后更便宜的仿制药上市，原药品的价格可能会下降90%，这就是所谓的专利悬崖。与大多数行业不同，制药公司知道某一特定产品收入急剧下降的确切日期。这意味着，与柯达公司、诺基亚公司、博得（Borders）书店和许多其他企业不同，制药公司充分意识到，要在中长期蓬勃发展，他们不能依赖现有的产品。专利悬崖每天都在提醒制药公司必须不断寻找能成为未来摇钱树的新药。他们时刻都在研究数以千计的化合物以寻找下一种轰动一时的药物。鉴于其产品的有限性质，制药公司的成立既是为了开发，也是为了探索。他们本能地懂得需要双元性。

虽然大多数组织的日程表中很少有一个明确的日期，可以预期其收入会在哪一夜之间急剧下降，但现实是，每一种产品、每一种服务和每一种商业模式都有一个保质期，而且由于变化的步伐不断加快，保质期在日益变短。这就是为什么企业除了需要考虑短期及中期发展外，还要做好长期的筹备计划。在将资金、人员和资源分配给利用（最大化当前产品的利润）和探索（寻找下一个产品）之间总是存在矛盾。这是因为组织给一种活动的资源越多，分配给另一种活动的就会越少。资源有限，令人沮丧。如果单纯地考虑短期，企业将专注于当前的利润最大化，但这会使组织面临更大的明天没有利润的风险。一旦希望同时掌握利用和探索，就必须有一个连贯的、战略性的方法来在两者之间分配资源。设计这种方法时要考虑到整体情况，这一点至关重要。必须有有效的产品组合管理，以及随着每个生命周期阶段而发展的投资和治理流程。

我经常帮助组织重塑投资决策和管理工作的方法。我的重点是那些能够提高敏捷性和创新性的方法，即组织的探索方面。在解释我的方法时，我经常使用的一个类比是金矿开采。与制药行业一样，矿业公司也了解有限矿井的概念，他们明白，在任何给定的矿井中，富含黄金的矿石的数量都是有限的。这意味着寻找新的开采区域与从现有矿山中提取黄金对长期生存一样重要。

金矿的高级生命周期有五个不同的阶段：勘探、开发、运营、关矿和后续事宜。勘探涉及寻找合适的地点来设计和建造矿山。它涉及地理学、地质学、化学、工程学等多学科的专业知识。如果当地的地质条件表明存在足够储量的黄金时，开采公司会对样本进行试验以收集更多信息。只有 0.1% 的勘探地点会成为生产性矿山，因此，在此阶段以最低的成本收集最多的数据至关重要。根据每个预期采点的试验数据，必须定期决定是要放弃该采点，继续进一步的试验和数据收集，还是要进入下一阶段的开发。

开发阶段不是验证是否在特定地点建造矿山（这已经做过了）。它是关于尽可能有效地将一个场地建设成一个正常运作的矿场。对该场地最有效的设计或者它到底包含多少黄金，在勘探阶段可能仍然不完全清楚。答案将在开发阶段揭晓。随着矿山的开发，根据在整个过程中收集的数据，开采公司能做出关于提取黄金的最佳方式和挖掘深度的决定。

一旦矿山设计和建造完毕，就该进入运营阶段了。在运营过程中，重点从勘探转向开采矿山，即提取矿石并将其加工成黄金。到这个时候，事情变得更加可预测和可重复。几乎没有学习活动，方法也从试验转变为有效执行。黄金开采成本越低，利润率就越高。最后，无论是运营 2 年还是 100 年，一切美好的事物都会走到尽头。一旦矿体耗尽，或开采不再经济，矿山将关闭。

当然，在任何给定时间，矿业公司的投资组合中都有许多矿山，无论是运营中的还是潜在的。这些矿山分布在生命周期的各个阶段，在勘探中的数量最多，其中能够继续开采下去的很少。每个阶段投入的资源分配将极大地影响当前和未来的成功。投资组合的管理必须与公司的整体战略保持一致。正如我们将看到的，探寻—构建—运营模式是一种延续到产品开发中的模式。

创业者兼《创业者手册》（*The Startup Owner's Manual*）的作者史蒂夫·布兰克（Steve Blank）指出：“初创企业是一个为寻找可复制且可扩展的商业模式而成立的组织。”在创业时，初创企业往往会频繁地进行试验，并根据需要进行调整。这出自他们的基因。相比之下，成熟的公司通常专注于现有产品和服务。这通常体现在诸如“我们不是初创公司，我们需要以不同的方式运作”之类的声明中。但这没有抓住重点。事实是，如今很少有成功的公司只有单一的商业模式。大多数组织都拥有处于生命周期不同阶段的产品组合。这意味着所有组织在探寻模式下运营时都必须表现出与初创企业相同的特征。从这个意义上说，成熟的企业必须包含许多初创企业，这些初创企业将凭借自身的能力转变为成熟的商业模式。

因此，组织必须进行积极的产品组合管理，并需要使用与制药公司和矿业公司类似的流程。在投资和管理创新方面，了解产品、服务和商业模式的生命周期至关重要。无论是金矿还是智能手机应用程序、咖啡机或汽车，其生命周期一般都分为探寻、开发、维持和退出。探寻是在高层次上识别新产品、服务和商业模式。它涉及识别客户痛点并尝试许多创意来确定哪些解决方案可以解决这些问题。这涉及使用高度试验性的方法，如设计思维和精益产品开发，并与客户一起测试这些创意。它涉及寻找正确的价值主张和产品与市场的匹配度。

开发就是把经过验证的价值主张推向市场。这绝不是一个纯粹的构建过程，因为尽管此时产品与市场的匹配度已经在很高的水平上得到验证，但仍然没有办法知道确切的解决方案或商业模式将是什么样子。许多组织在此时都错误地以为解决方案已经明确了且不会再改变，这导致他们将产品的开发外包，并且认为设计是固定的，构建必须只能以低成本执行。正如我们所见，将设计和构建分开几乎是不可能的。这是“认为工作只是复杂而不是复合的”信念所导致的效率意识的又一个副产品。虽然解决方案的愿景已经过客户的验证并且不太可能改变，但细节将需要通过多轮设计—构建—反馈—洞察来呈现。

维持是有效运行产品以获取尽可能多的价值的行为。在此阶段所做的改进可能是渐进式的。最后，产品将不再是组织的核心，而是会逐步退出市场。针对这个产品的开发可能会停止，尽管可能会有更长一段时间对剩余的客户进行轻量级支持和维护。设计一种有效的投资组合管理和管控方法是实现业务敏捷性的关键，这是领导层必须花时间做的事情。其中，投资组合需要考虑以下关键点：

- **资源分配**：这是一个高度战略性的决定，没有通用的比例。正如制药和矿业公司必须就花费多少在现有的高盈利业务、发现和开发新的高盈利业务上做出艰难决定一样，几乎所有组织也必须如此。一个较为常见的参考是按 70–20–10 的比例在当前产品、开发新产品和探寻新创意间进行分配，并且从以往运行来看这很有效。在这种拆分中，最大的投资份额（即 70%）用于维持和逐步改进现有产品和服务。鉴于这些产品是为其他一切活动提供资金的主要收入来源，这是有道理的。其次是 20% 的投资，用于开发新产品和服务。最后的 10% 用于探寻和验证需要推进的新创意。每个组织都有不同的创新抱负。那些竞争更激烈、产品保质期较短的行业可能希望少关注现有产品，而多关注寻找新产品。
- **决策**：每个潜在产品的关键决策者是谁？是一个人还是一个委员会拥有决策权？是同一个人在整个生命周期阶段拥有决策权还是不同的人在不同阶段拥有决策权？谁可以在探寻阶段发起试验？如果任何人都可以，那么投资的价值能有多大？
- **透明度**：投资组合及其中的所有计划是否一目了然？管理每个阶段的政策是否被所有人理解和清楚？拥有出色的投资组合只是一个开始。每个人都需要了解它是如何运作的，这样他们才能做出与管理政策一致的决定。

对每个生命周期阶段，还有一些重要的问题需要考虑。正如我们所看到的，工作的性质在生命周期的不同阶段有着根本的不同，并且必须为每个阶段提供适当的处理方式。没有放之四海而皆准的方法。

- **目标**：每个阶段的目标是什么？活动的目标是什么？经济回报？数据？学习？理解目标将有助于形成方法。
- **投资方法**：风险和不确定性的程度如何？是进行大量的小额投资，还是少量的大额投资？投资决策的时间范围是多久？几天、几周、几个月或几年？
- **成功的衡量标准**：衡量产品是否值得进一步投资的标准是什么？指标将如何在产品的整个生命周期中不断调整优化？以相同的方式评判探寻阶段和维持阶段不太可能产生对两者都有效的方法。
- **策略**：需要什么级别的敏捷性？你是否仍在验证是否存在适合产品、服务和商业模式的产品市场（即在哪里建造金矿）？如果是这样，解决方案本身是否仍然会调整？如果已经证明是适合的，那么调整是否仅限于产品的设计和功能集（即要建造什么样的矿井）？这在很大程度上取决于解决方案的风险和不确定性的水平。

明确这些方面将有助于形成每个阶段使用的工具和技术。我们现在将探讨四个阶段中的两个：探寻和开发。这二者属于探索领域（见图 8–4）。

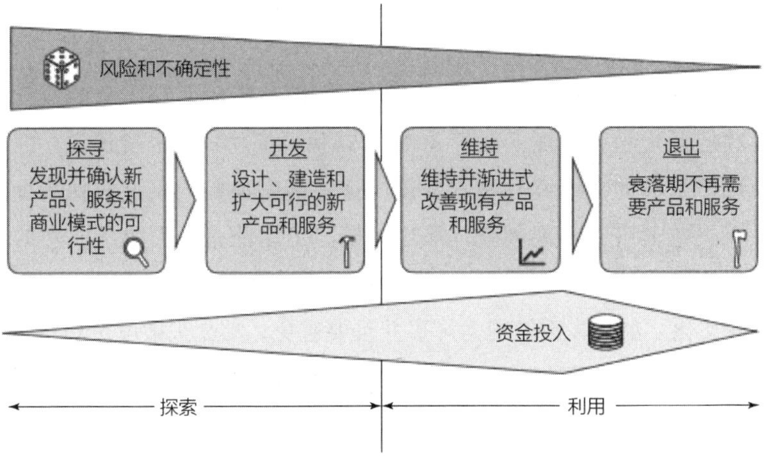

图 8–4　产品开发生命周期

思考

你的组织是否有项目或产品组合？是否有结构化方法将试验进行到开发阶段？是否对投资组合以及各个阶段的投资额有统一的看法？是否能提高正在进行的工作的透明度？

8.4 探寻：广撒网

在整个动物王国中，海马（及其近亲海龙和尖嘴鱼）是唯一一种雄性可以生育后代的物种。根据物种的不同，海马一次可以产下多达 2 000 个卵。这样做是有充分理由的：对海马幼仔来说，生存是一场艰苦的战斗。从它们出生的那一刻起，它们就得自己照顾自己。由于海马的天敌四处游荡，而且海马从觅食地漂走的风险很高，最初的 2 000 只幼仔中只有大约 10 只能存活到成年。简而言之，将所有希望寄托在少数幼仔身上的风险太大了。当你的存活率为 0.5% 时，最成功的策略就是增大基数。同 99.5% 的海马幼仔无法存活一样，很大比例的产品创意也不可避免地无法在产品的探寻阶段存活下来。

在为一家大型零售银行提供创新和敏捷性建议期间，我遇到了一个负责进行试验以发现新创意的创新团队。在这个团队存在的那一年里，它几乎没有产生任何有创意的想法。许多因素阻碍了该团队的成功。首当其冲的就是领导层规定至少 80% 的试验得成功——也就是说，他们需要表现出足够的能继续发展的希望。这是衡量他们的关键成功指标。如果没有失败就可以实现创新，那当然好。不幸的是，失败是成功的先决条件。领导如何看待失败将对团队的行为产生巨大影响，团队行为最终会形成文化。如果失败被视为坏事并且要避免，那么失败就会更少——不是因为团队会提出更好的创意，而是因为他们永远不会冒险。他们不太可能失败，但几乎可以肯定也不会创造任何有价值的东西。正如肯·鲁滨逊（Ken Robinson）爵士在有史以来观看次数最多的 TED 演讲中所说的那样："如果你不准备犯错，你就永远不会提出任何原创的东西。"由于这个 80% 的政策，所谓的创新团队永远不会名副其实。

对于厌恶失败的组织来说，必须承认的事实是，如果不先亲吻数百只青蛙，就找不到王子。例如，在寻找一种新药时，从实验室中 25 000 种左右的化合物开始，将产生大约 25 种可以在人体上进行测试的化合物。在这 25 种化合物中，只有 5 种会进入市场，只有一种将有望收回为探寻它而投入的资金。每有一座可开采的金矿，就有超过 1 000 座无法开采。在创新游戏中，你甚至不可能有一半的时间是正确的。组织必须学会以不同的视角看待失败。重点不应放在预防失败上，而应放在减少投入在这些失败上的金钱和时间上。毕竟，试验既是为了学习该做什么，也是为了学习不该做什么。正如杰夫·贝佐斯（Jeff Bezos）在谈到亚马逊时所说："我们试图降低进行试验的成本，以便我们可以做更多的试验。如果你能将你尝试的试验数量从 100 次增加到 1 000 次，你产生的创新数量就会显著增加。"很少有什么事情会像领导对失败的态度一样影响组织的文化及其创新能力。

创新团队的第二个大问题是，一个团队可以提出的创意和团队可以运行的试验是有限的。如果我们期望这些群体能够成功地提出伟大的创意，那就等于假设了好创意只局限于少数人。在《现在，什么才重要》（*What Matters Now*）一书中，加里·哈默尔将其称为创新种族隔离。要创新，好的创意必须随处可来。它们不能局限于一个团队。当创意出现时，每个人都能有自由进行小型的、允许失败的试验，以确定这些创意是否值得进一步试验。如果大多数人仍然无法参与创新，那么大多数最好的创意将仍然只是头脑中的空想。

《纽约时报》专栏作家托马斯·弗里德曼（Thomas Friedman）描述了他所谓的卡尔森定律（Carlson's Law）："当今世界，人才众多，创新工具也触手可得。自下而上的创新往往是混乱而聪明的。自上而下的创新往往是有序而愚蠢的。"因此，鼓励来自任何地方的创意和试验的组织会更成功。为此，每个人都必须接受关于如何创新的培训。在我遇到的大多数组织中，更多地是培训员工如何使用时间表系统而不是如何创新。指望人们从事他们没有对应知识的工作是不合理的。我看到，很少有组织认为创新可以在任何地方、任何时间发生，来自任何人，并且能够为每个人提供所需的技能。

鉴于此，产品生命周期中的探寻阶段应该以许多小的、允许失败的试验为特征。这涉及快速且低成本地测试创意。这样做是为了确定产品是否有一个潜在的市场。在这个阶段，我们不希望任何假设是未经验证的，未经验证的假设代表风险。人们常常对所做的假设缺乏认识。这会导致对要验证什么以及如何验证感到困惑。为了提供帮助，我将我认为需要验证的主要方面归类到下面的验证阶梯中，它是需求性、可持续性和可行性模型的演变。这些验证将主要按顺序进行，尽管在所有层次中都存在迭代要素，并且某些层次可能会在同一个试验中进行验证。阶梯由四层组成（见图 8-5）。

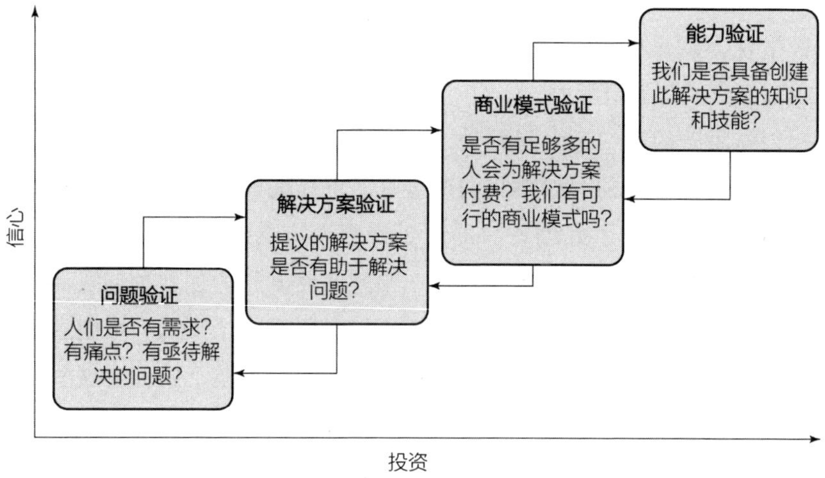

图 8-5　验证的阶梯

层次 1——问题验证：人们是否有需求？有痛点？有亟待解决的问题？简而言之，就是确保确实存在需要解决的问题或可以利用的机会。如果我们还没有验证这一点，那么其他一切都无关紧要。没有人会购买无助于他们完成工作或缓解某些痛点的解决方案。也许存在痛点，但它们还不足以保证有必要提出一个新的解决方案。一个常见的情形是从解决方案开始思考。但是，即使解决方案构成了最初创意的一部分，也需要重新审视和验证解决的问题的核心假设。这是其他一切的基础。

层次 2——解决方案验证：提议的解决方案是否有助于解决问题？一旦弄清楚确实存在需要解决的问题或需要完成的工作，试验就可以进一步验证所提出的解决方案是否有助于解决这些痛点。许多创新涉及以新方式解决现有问题。优步（Uber）在打车领域提供了一种创新的解决方案。爱彼迎（Airbnb）在住宿方面提供了创新的解决方案，数码相机则在摄影方面做了创新。人们没有改变要完成的工作（拍照），他们只是从完成这项工作的一种方式（印刷图像）转换到另一种方式（数字图像），从而解决了他们在使用过程中的痛点。正是在这一点上，人们需要进行多次迭代才能找到合适的解决方案。1999 年，在线鞋店扎珀斯（Zappos）的创始人尼克·斯温穆恩（Nick Swinmurn）着手验证人们是否会在网上购买鞋子。他的验证方式是，在当地商店拍摄鞋子的照片，将它们发布到一个简易的网站上，然后进货，并在收到订单后发货。一旦他确认该解决方案确实解决了人们购买鞋子的痛点，并且收到了足够多的订单，他就投资建立了公司。

层次 3——商业模式验证：是否有足够多的人会为解决方案付费？我们有可行的商业模式吗？一旦确认存在人们想要的解决方案，并且可以让他们更轻松地达成目标，就该关注人们是否愿意为该解决方案付费，以及是否存在可行的商业模式保证解决方案的开发。创建一个市场上已经存在并且成本低廉的优秀产品是没有意义的。以一个电子表格软件为例：即使解决方案是完美的，但如果市场上有其他可供选择的软件，其中一些还是免费的，那这个创意不太可能带来回报。如果商业模式错误，即使是伟大的、真正创新的新产品也可能失败。商业模式转型的一个很好的例子是瑞士雀巢公司下属的品牌奈斯派索（Nespresso），它从向企业整体销售咖啡机和咖啡胶囊，转变为将咖啡机和胶囊的制造和分销分开进行，并在很大程度上将其目标客户群转向家庭。它还改变了收入模式，降低了顾客购买咖啡机的成本，并用咖啡胶囊的经常性收入来补贴咖啡机的收入减少。虽然商业模式不断发展，但实际产品基本保持不变。

层次 4——能力验证：我们是否具备创建此解决方案的知识和技能？一旦有了信心，相信有一个好的解决方案可以解决真正的客户问题，并且围绕它存在一个可行的商业模式，剩下的就是检查团队是否有能力构建它。围绕着将概念转化为客户愿意购买的产品所需的技术，我们需要进行一些高层次的思考。如果组织中存在能力差距，则需要决定如何解决这一问题。

以下是探寻新产品时要牢记的三个原则：

- 从低投入开始，逐步增加资金。针对是否存在市场需求的早期探索最多需要花几百美元。小型、快速、廉价的试验增加了可以检测的数量，并降低了进入门槛。这意味着任何人都可以从任何地方开始试验，风险很小。如果试验数据表明需要进一步试验，就可以在滚动的基础上增加投资额。这些更复合和参与度更高的试验可以增加对假设的信心。
- 走出大楼，以数据为导向。史蒂夫·布兰克强烈提倡这种方法。闭门造车的话，能掌握的客户信息太少了，因此出去交谈和进行试验至关重要。询问客户的需求是一个开始，如果能继而设计试验并观察客户的行为就更好了。说到对客户的洞察，人们说他们会做什么和他们实际做什么很少是一样的。重要的是要理解那些能够表明我们的假设是正确的衡量标准。这些衡量标准必须被定义为试验设计的一部分。
- 准备好调整。在不同的阶段，需要做出是调整、坚持，还是停止的决定。在产品的早期阶段，能够根据试验和数据调整方案至关重要。围绕要解决的问题、目标客户群、解决方案本身或关于解决方案的商业模式，最终创造出一款你意想不到的伟大产品，总比创造出一款失败的产品要好。

正如我之前提到的，许多组织的错误在于，在整个投资组合中使用相同的成功衡量标准。传统的管理和财务核算标准是为利用领域设计的。他们倾向于依赖有关产品性能的数据，但这些数据在生命周期的早期并不存在。当涉及探索领域，特别是在探寻阶段时，成功可以被定义为以最快的速度和最低的成本识别和验证要解决的问题、提议的解决方案、提议的商业模式和组织能力，为开始构建有效产品提供充分的理由。简而言之，探索阶段的最终目标在于了解市场。在这个阶段可以获得新知识——即我们以前没有的知识，同时也是我们的竞争对手没有的知识。早期投资是为了获得这些知识，如果使用得当，它会变得非常有价值。该价值要在未来才能实现——因此投资的财务回报等衡量工具在早期毫无意义。

刚刚描述的过程是一个高度迭代的过程。它涉及多轮定义假设、设计试验和测试假设的方法、运行试验和收集数据、分析数据、产生更多洞察，然后决定是否调整、坚持或停止。调整涉及研究新假设。坚持即通过越来越复合的试验和更大的信心继续走下去。停止即完全结束这个创意。尽管初始投资很小，但随着信心的增强，投资会随着时间的推移而增加。投资应始终与风险和不确定性成反比。

在探寻阶段，要不断作出决定是投资下一个试验、完全停止工作还是进入开发阶段。一旦有合理的信心，认为验证阶梯的四个方面已得到充分确认，就可以决定投入更多资金来构建解决方案的初始版本。这个决定一定不是基于详细的项目价值分析和电子表格，而是基于在现场从真实客户那里收集的、证明产品与市场的匹配度和可行性的真实数据。它应该包括迄今为止的总支出，以及进入开发阶段所需的时间、金钱和资源。

思考

在你的组织中，失败是被视为需要避免的事情，还是创新过程中必要的一步？是否有机会在寻找新产品的过程中进行多次允许失败的试验？谁能发起这些试验？是否有一个结构化的过程来确定哪些可以进一步探索，哪些可以放弃？要实现这种工作方式，还需要重视哪些其他促成因素？

8.5 开发：将创意变为现实

与设计和建造金矿一样，开发阶段不是验证是否应该开发某个产品或服务。这些工作应该在探寻阶段完成。开发阶段的任务是将创意变为现实。在这一点上，通常会假设你拥有构建出色产品所需的所有信息，或者至少可以通过与客户交谈预先获取这些信息。但这种想法是错误的。

在 2004 年的 TED 演讲中，马尔科姆·格拉德威尔（Malcolm

Gladwell）讨论了食品行业的发展。其中谈到霍华德·莫斯科维茨（Howard Moskowitz）如何帮助金宝汤公司（Campbell’s Soup）增加其普锐高牌（Prego）意大利面酱的市场份额。普锐高当时正在艰难地与乐鲜品牌（Ragu）竞争，后者在20世纪七八十年代主导了美国意大利面酱市场。金宝汤公司制作了45种意大利面酱，其大蒜的含量、甜度、辣度各不相同。然后，公司带着这45种酱汁在路上对真正的消费者进行了测试。在尝试了多种酱汁后，顾客对每种酱汁的评分从0到100不等。经过数月调查，大量数据显示几乎所有美国人可以被分为三类：喜欢酱汁原味的，喜欢辣味的，喜欢特别浓稠的。最后一类（即喜欢特别浓稠的）最有趣。在20世纪80年代初期，市场上还没有特别浓稠的意大利面酱。普锐高公司推出了一条生产特别浓稠的意大利面酱的生产线，并在接下来的10年里赚了超过6亿美元。

莫斯科维茨对普锐高所做的事情挑战了当时食品行业的一个基本观点：让人们开心的方法是问他们想要什么。事实上，多年来，乐鲜、普锐高和该行业的许多其他食品公司一直在这样做。他们一直在询问人们想要什么样的意大利面酱。20多年来，没有人说过他们想要一种特别浓稠的酱汁。尽管数据显示三分之一的人喜欢这样的酱汁，但当他们真正被问到时，没有人说他们想要它。

这就涉及开发新产品和服务的核心挑战。人们通常在看到产品之前不知道自己想要什么。他们知道自己面临的问题和痛点，但他们并不确切知道自己想要什么样的解决方法。由于客户对产品设计流程中的问题空间了如指掌，因此组织希望他们同样对解决方案空间很在行。但事实证明他们做不到。设计解决方案不是客户的工作。这是产品开发人员的工作，也是致力于创造出色的新产品和服务的创新者的工作。亨利·福特经常被引用的一句话是：“如果我问人们他们想要什么，他们会说更快的马。”早在1998年，史蒂夫·乔布斯就说过：“通过征询用户意见的方式设计产品真的很难。很多时候，人们不知道他们想要什么，直到你把方案展示给他们看。”

然而，当人们看到解决方案时，他们确实知道他们是否喜欢它。这就是敏捷运动在软件开发领域诞生的原因，这也是为什么即使在进行了许多试验之后，开发过程也不能被视为一个纯粹的执行问题或者构建过程。构建和设计都应参与其中，这意味着关于解决方案如何出现，仍然需要反馈与迭代。这项工作仍然非常适合探索领域（见图 8-4）。大多数所谓的敏捷框架旨在构建具有灵活性的产品，而开发阶段通常是这些框架开始发挥作用的地方。诸如 Scrum 框架、大规模 Scrum 框架和规模化敏捷框架（Scaled Agile Framework），这些框架旨在以一种认识到固有的不确定性和复合性的方式设计产品。

然而，人们很容易忘记，这些框架只有与我们到目前为止讨论的变化结合使用时才能奏效。在产品生命周期的这个阶段，要解决的问题和高层次的价值主张往往已经确定，但解决方案的确切设计（如外观、触感或确切的功能）仍需调查。这些框架解决问题靠的是与真实客户进行简短的反馈循环来征求意见。这必然引发过程纠偏。随着产品发展成为解决真实客户痛点的产品，其必将会受到欢迎。重要的是要记住，最好的反馈来自产品的可运行版本，因此尽可能接近它是获得反馈的先决条件。毕竟顾客不能仅仅通过阅读食谱来评价意大利面酱的味道。

如果预先设计了缜密的治理流程，那么随着流程的进展，学习新东西的空间就会很小。这就是为什么建议保持设计灵活并专注于业务结果的原因。这些解决问题的结果取代产出的产品作为衡量有效性的标准。此外，不能按年度确定预算，因为机会和威胁不是按年度周期出现的。最能支持敏捷性的投资方法是在以产品为中心的模型中滚动季度资金。通过这种方式，团队可以获得一个季度的资金，以针对特定产品交付价值。团队可以根据交付的价值和新出现的业务优先级来决定下一步的工作重心。这使组织能够对新兴市场趋势及时做出反应。

管理好整个投资组合至关重要。一个小组需要每季度开会评估每个处于开发阶段的产品的进度。无论总预算分配给开发阶段的百分比是多少，有限的资金都需要在各种产品之间进行分配，以最大限度地发挥作用。最简单的方法是调整每个产品所对应的研发团队数量，或者增加，或者减少，或者保持不变。每季度调整一次，以应对市场变化或为有前途的新产品创意留出空间。此外，将最多三个月作为投资期限可有效降低投资组合不当的风险。如果产品被证明不可行，就可以在任何季度审查时叫停。同样，如果产品显示出比预期更大的潜力，则可以更快地扩大规模。这是敏捷的本质，它只能发生在产品模型而不是项目模型中。

正确管理产品组合需要获取准确的数据，来判断每个产品的性能。在许多大型组织中实施此模型后，我发现只有明确定义季度业务目标，才能真正评判团队的效率。与探寻阶段认知为主要结果不同，开发阶段可能会看到不同的结果。这是因为有些产品已经投放市场并获得业务增长，而其他产品仍未上市。有时这些结果只是基于开发大概所需时间的预测。有时涉及获得客户、收入增长或转化率。了解团队在每个阶段的工作进展和预期目标，意味着可以更好地确定优先级。以往基于项目的年度投资往往缺少这种响应能力。要知道，将投资从一个项目转移到另一个项目并不是一个简单的过程，而年度投资很少提供指示什么时候该转移投资。

一旦产品成功产生回报并且产品开发工作告一段落，与该产品相关的业务就会从探索领域过渡到利用领域。在这一点上，更传统的管理和财务制度会更适用。这可能涉及更长的投资期限（6~12 个月），也意味着可以用与传统商业模式相同的方式进行预测和规划。当然，也可以选择将产品更具执行性的一部分转移到利用领域，将更具创造性的一部分牢牢地留在探索领域，在一个能够实现创造力、创新和敏捷性的系统内工作。这将使团队能够继续通过更小、更核心的创新来改进产品，并持续在不确定的环境中发展产品所需的敏捷性水平。这是一个高度情境化的决定，很大程度上取决于需要多少持续的核心创新。

思考

你的组织在构建产品时，围绕设计、特性设置和最终解决方案有多大的灵活性？是否存在能够通过跟踪结果而不是产出的产品来提供更多灵活性的管治模型？在整个开发过程中，接收并响应客户反馈的可行性如何?

本章小结

- 传统的治理和投资方法（包括详细的项目价值分析、计划和成本核算）适用于工作在很大程度上是可计划和可预测的情况下，而在应用于探索领域时受限太多。
- 在产品的整个生命周期中，工作的性质在不断发生变化。从高度不确定性和试验性（寻找适合产品的市场时）转变为更加稳定和可计划（随着所学知识的增加和不确定性的减少）。
- 在高 VUCA 环境中运营时，最有效的方法是风险投资模式，即投下大量小额投资，之后对有希望的项目加倍投入，并停止那些没有希望的项目。
- 必须重新制定组织治理策略，以适应试验，并允许团队对客户反馈做出响应。

业务敏捷性的关键实践

- 从具有前期业务模式和大额投资的基于项目的模型转变为具有频繁审查点的基于产品的长期模型。
- 将对新产品和商业模式的探寻和创建视为创造性设计的过程，而不是构建和可预测的执行过程。
- 将重点从跟踪产出产品转移到跟踪业务结果。
- 创建一个在产品生命周期中每个阶段包含不同运作模式的投资组合管理方法——一个用于寻找产品与市场匹配度的模式，一个用于敏捷地构建创意的模式，一个用于保持产品易于被接受的模式。
- 让创新成为每个人的工作，并致力于帮助人们学习如何快速、低成本地测试商业创意。

第 9 章 工作方式

把握原则的人，能成功地选择自己的方法。只尝试方法而不顾原则的人，一定会遇到麻烦。

——哈林顿 · 埃默森（HARRINGTON EMERSON）

在本章中，我们将探究：

- 促进有效团队合作的工具、技术和实践
- 如何培养持续改进的心态
- 在衡量从事创造性、探索领域工作的团队的绩效时要考虑的因素

9.1 日常团队实践：合作模式

从第 4 章到第 8 章，我们讨论了业务敏捷性的 6 个促进因素之中的 5 个。这 5 个因素可以作为一个基本的组织操作系统。它们构成了可以搭建其他任何内容的底层平台。虽然每个组织的风格会有不同，但迄今为止其包含这 5 个促进因素的关键模式往往没什么差异。最后的这一个促进因素有点不同。它不应该被视为底层操作系统的一部分，而应该被视为可以安装在组织操作系统上以满足每个组织独特要求的一组应用程序。与计算机操作系统一样，根据工作和组织的不同，有广泛的潜在应用程序可供选择。话虽如此，它们之间还是有很多共同之处。我现在将介绍一些可以提高团队进行复合、探索领域工作效率的基本模式。

9.1.1 多多沟通

在20世纪70年代，美国政府决定更细致地研究为什么他们有一些战略工程项目取得了成功，而另一些却失败了。他们想了解导致表现差异的原因。这项研究最前沿的研究者是麻省理工学院一位名叫托马斯·艾伦（Thomas Allen）的年轻教授。为了理解这些差异，他首先聚焦于那些复合的、由两个以上独立组织解决的工程难题，如开发新武器或卫星系统。这些组织要么是政府机构，要么是私营公司，他们要解决的问题完全相同——以前没有人解决过的问题。基于此，艾伦能够创建一个可以衡量每个组织的成功因素的列表。这些成功因素将评估每个组织解决方案的质量以及创建方案所花费的时间。

结果令人吃惊。最成功的是那些人员沟通最好的组织。这些人似乎能更快、更有效地解决复合问题。随后，艾伦开始尝试弄明白为什么这些团队能实现更好的沟通。他没有发现其与个人特征或教育背景相关，而是发现其与人们办公桌之间的距离相关。

艾伦确定，物理距离上的接近是高频、有效沟通和协作的关键。事实上，当艾伦绘制出沟通频率与距离的关系图时，结果表明，一旦人与人距离达到8米，沟通频率就会急剧下降。在30米处，它接近于零。这就是众所周知的艾伦曲线（图9-1）。与智力和经验相比，距离近对团队效率的影响似乎要大得多。

那么，在协同办公软件几乎不存在的40多年前进行的一项研究，其结论是否仍然适用于今天？答案是肯定的。科学家本·瓦贝尔（Ben Waber）已经证明数字化沟通遵循着相同的模式。他发现，与远程工作者相比，在同一地点工作的工程师通过数字化的方式保持联系的可能性要高出20%，他们通过虚拟方式保持联系的频率是异地工程师的4倍。这种更频繁的沟通使项目的完成速度提高了32%。尽管在过去40年中沟通方式取得了种种突破，但似乎没有什么东西可以取代近距离接触。能够看到人似乎比大多数人意识到的更重要。从进化的角度来看，这是有道理的。我们生来就有频繁、面对面交流的习惯——从我们人类开始的早期，人们在多达 50 人的群体里每天都见面。这也是我们不断发送和接收群体“归属”线索的方式，这对于建立归属感和安全感至关重要。

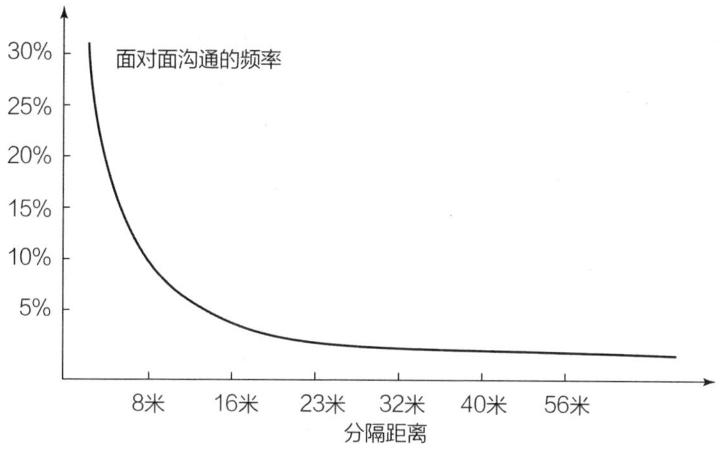

图 9-1　接近的力量

虽然在独自工作时我们的个人生产力可以提高，但创新和新事物的创造并不是来自个人的单独工作。它们来自一起工作的团队及其与其他团队的合作。为此，我们需要的是协作生产力。任何沟通障碍似乎都会严重影响这一点。唐纳德·赖纳森（Donald Reinertsen）在他的《管理设计工厂》(*Managing the Design Factory*)一书中是这样说的：“集中办公是我们改善开发团队沟通的最接近理想的方法。”当然，有时远程办公是必要的，比如受新冠肺炎疫情影响不得不在家中创建临时办公室，这些都需要纳入考虑。但由于越来越多的组织倾向于远程办公，了解这些数据资料并有意识地尽可能减少沟通障碍是值得的。这需要投入时间、精力和金钱。管理者应该仔细思考如何营造一个促进频繁沟通、建立信任和归属感的环境。如果是远程办公的团队，更要好好考虑。这似乎是创意团队成功的秘诀。

9.1.2 可视化工作

在工厂车间，库存和任务排队现象很容易被发现。用精益术语来说，这两件事都代表浪费。如果把实体零部件堆放在瓶颈作业的旁边，就可以看出哪些是需要优化或增加产能的作业。这样，工人和管理者就可以轻松了解应该优先做什么以及如何改进流程。

然而，当涉及知识工作时，就不那么容易了。没有实体零部件的堆积，人们并不总是很清楚正在进行的工作，也不清楚瓶颈在哪里。排队、延误、库存过剩以及对工作的进展缺乏清晰的了解都可能是创造力和敏捷性的杀手。最糟糕的是，它们能悄无声息地扼杀敏捷性。

使工作可见甚至透明可以带来很多好处。人类的大脑有数亿个用于视觉处理的神经元，约占皮层的 30%，触觉和听觉分别约占 8% 和 3%。我们是视觉生物。当团队将他们的工作可视化时，他们管理自己及其工作就变得更加容易。透明度是阳光，照亮了需优先进行的工作、正在进行的工作、谁在处理它以及可能存在问题的地方。将信息清楚地显示在墙上或数字化设备上意味着，团队可以很容易地知道他们接下来应该做什么、谁可能需要支持以及流程的哪些方面应该改进。这是敬业度、协作、所有权、快速决策和减少外部工作协调员的关键驱动因素。

这种可视化方法是丰田公司为支持准时生产而首创的，尽管它的灵感来自英国在二战期间制造喷火式战斗机时开发的“双箱系统”（two-bin system）。今天，所谓的看板法（Kanban）在全球产品开发部门中无处不在。可视化是团队了解正在进行的工作的好方法，在组织层面也是如此。仅仅是了解到可视化端到端的价值流、有多少工作在进行，以及工作在哪里卡住了，就可以让人大开眼界。

9.1.3 每日协调会议

每日协调会议有很多名字，包括每日站立会议（Daily Stand-up）、每日商谈（Daily Huddle）和每日例会（Daily Scrum）。它是一种简单却有效的实践，可以促进团队之间的协作、透明度和沟通。如果做得好，它可以大大减少团队所需的其他协调工作和会议。

这类会议为那些从事这项工作的人提供了一个正式机会，去同步和协调他们的活动并计划接下来 24 小时的工作。他们可以提出问题并讨论合作机会。除了协调目标，每日协调会议也是团队自组织的关键促进因素，使团队能够轻松检查他们的工作进展、谁需要支持以及他们是否正在推进最有价值的项目。

然而，重要的是不要在会议之外停止对话和协调。会议的存在是为了提供正式的对话机会，但它不应该是团队相互交谈的唯一时机，人们也不应该等到会议之后才进行合作。

如果不同的团队协作取得某一成果，那么就应召开团队间的日常协调会议，目的是在团队之间进行同步和协调并发现团队间协作的机会。该会议应该由做这项工作的部分团队成员（而不是专业协调员）参加。做这项工作的人会对团队间需要在哪些地方进行合作有最深入的了解。

这些会议通常每天在相同的地点和时间举行，并且要站着进行以保持简洁明快，最多持续约 15 分钟。

9.1.4 小批量

1950 年，福特公司和通用汽车公司生产了大量的汽车。传统的观点认为，由于固定成本大，大批量生产的经济效益更胜一筹。因为美国有足够的空间来储存大量的存货，所以汽车制造商没有看到这种做法的负面影响。

与此同时，丰田公司采取了不同的方法。与美国相比，日本是一个小国，当时的丰田公司无法负担同等水平的库存。持有过多的存货会带来风险，因为汽车可能卖不出去，更不用说所有未售出的汽车所占用的资金了。丰田公司的困难点在于固定成本——尤其是更换大型冲压机上模具的成本，每次制造不同的车型时都会发生这种情况。模具重达数吨，需要使用大型起重机将其按精度在一毫米以内的要求安装。该过程可能需要长达 24 小时，在此期间生产线处于闲置状态。丰田公司既无法负担关闭工厂 24 小时以更换模具的成本（称为交易成本），也无法负担通过减少换模次数而使生产变得经济的大批量生产的成本（称为持有成本）。

在顾问新乡重夫（Shigeo Shingo）的建议下，丰田公司做了它唯一能做的事情：着手降低在西方被视为固定成本的交易成本。事实证明，成本并不像许多人想象的那样固定。通过专注于转换流程的改进，到1960年，24小时变成了15分钟，而到1970年，只需3分钟。这是大家都更乐意接受的停产时长。当交易成本降到低于持有成本时，小批量变得更经济。

丰田公司不再需要在更换冲压机模具之前进行大批量生产；一有需要它就可以生产汽车，最大限度地减少其持有库存的成本（即持有成本），此外还能降低持有大量库存的风险。这使它能够在保持高质量的同时降低生产运行的成本。这被称为一分钟换模，是准时生产方法的关键推动因素，为丰田成为世界上最赚钱的汽车公司铺平了道路。

虽然制造和产品开发之间存在重大差异（前者在很大程度上是在利用领域，而后者在探索领域），但两者可以相互借鉴很多经验。在任何不可预测的过程（如创新）中，大批量都会带来许多缺点。一些组织报告表明，仅通过减少批量大小，测试时间就减少了95%，缺陷减少了33%。

大批量是业务敏捷性的阻碍。它们会增加周期时间、延迟反馈、延迟价值交付、增加可变性、降低透明度并降低质量。所有这些都无助于一个灵活的现代组织。解锁小批量生产的关键是降低交易成本。当我还是一名软件开发人员时，我发现在一些组织中软件的人工回归测试周期长达60天。这是一个漫长、痛苦且昂贵的过程。每次向急切的客户发布新产品时都要经历这个过程。每年进行两次发布。而每一次都要经历既昂贵又有风险的几个月。它破坏了响应能力并最大化了持有成本。事实证明，延迟价值交付比大多数组织意识到的危害更大。它还延迟了反馈，从而增加了无法交付预期价值的风险。

这个漫长的过程与现代组织的工作方式大相径庭。现代组织每天多次为客户交付价值，这一点通过降低每次的交易成本来实现。在软件行业中，组织通过自动化的测试和部署流程来降低交易成本，直到它变得微不足道。当一位特斯拉车主指出他汽车的“狗狗模式”（可以保持温度稳定，让狗狗留在车内）存在问题时，特斯拉公司能够在两天内通过无线电波解决这个问题。一个传统的、反应迟钝、交易成本高的组织可能需要多长时间来解决类似的问题？要达到这样的敏捷性和以客户为中心的水平，需要付出很多努力。其他行业必须采取适合它们的方法，但小批量给敏捷性带来的好处是不可否认的。

9.1.5 自由时间

谷歌邮箱（Gmail）、便利贴（Post-It Notes）和艾力克塞尔（Elixir）吉他弦这些大获成功的产品有什么共同点？你猜对了！它们都不是进行了项目价值分析和投资回报预测的官方批准项目，而是由一位有创意的工程师创建的。现在，所有组织中的人员每天都有创意——很棒的创意。这并不是少数创新组织才具备的什么罕见特质。然而，罕见得多的是追求那些好创意（以及一些不好创意）的自由。谷歌、3M 和戈尔是重视创新和创业精神的公司，因此制定了鼓励创新和创业的政策。

这里所讨论的政策是无须征得许可就可以追求创意的时间和空间。这不仅仅是对阻碍创造力的标准官僚主义的消除，也是对在标准工作时间内进行试验的有意鼓励。这些组织实现这一目标的方式是鼓励人们将 10%~20% 的时间花在自己的创意上——无须获得许可。提供这个自由的空间不仅能带来令人难以置信的创意和商业上成功的产品及服务，而且能带来更细微的改进。当一个人忙着处理塞满邮件的收件箱时，好创意很少会出现。让人们有时间和空间停下来深入思考，就会带来一些很棒的创意。

自由时间并不总是必须用于大项目上的创新。它还可以用于较小事项的改进和学习。在与电子商务组织合作时，我看到有一个小组利用一段时间研究更有效的团队协作方式。这样做的影响（虽然是无形的）是团队能够更好地沟通和合作。在做出改变后，团队明显变得更加高效。我还见过许多案例，在自由时间里以补丁的形式对现有产品进行改进甚至为客户提供新功能。这些通过传统方式永远不会实现，但事实证明是非常有价值的。

为团队留出自由时间的最后一个原因是能让他们更快地向客户交付价值。正如第6章所讨论的，让团队接近满负荷似乎是有道理的，但会导致指数级的延迟。每当“过剩”能力减半时，项目搁置的时间就会翻倍。尽管听起来违背直觉，但这意味着将团队的利用率从75%提高到87.5%会使该团队交付所需的时间几乎增加一倍。这是因为规划者没有考虑创造性工作的内在可变性。当此类工作按与更可预测的制造类工作相同的方式处理时，延迟和排队开始支配客户交货时间。正如我在第6章中所说的，谁愿意走上一条充分利用的道路？唐纳德·赖纳森在他的《产品开发流程原理》（*The Principles of Product Development Flow*）一书中精彩地介绍了这背后的理论。

为人们安排有组织的自由时间往往与几乎所有传统组织管理者的本能背道而驰。让人们表面上无所事事或不去做那些被认为最有价值的事项会让人感到浪费和放纵，但其实并不是。组织中最大的浪费源于排队、延误和磨灭人类创造力。这些浪费的基础是缺乏内置的自由时间。自由时间可以提高创造力、创新力和敬业度。它提供了专注于学习和改进系统的空间，并且它几乎总能比其他情况更快地交付价值。简而言之，它提高了组织的敏捷性。

> **思考**
> 贵组织中的团队协作和沟通的难易程度如何？沟通的结构性障碍是什么？如何移除它们？你的团队是否有专门的时间进行试验？如果他们这样做了会发生什么？

9.2 Kaizen：持续改进的心态

kaizen来自日语发音“kai-”（意为“改变”）和“zen”（意为“好”）。可将其粗略地翻译为“变得更好”。在商业世界中，尤其是在敏捷性方面，它往往被称为“持续改善”。它首先应用于二战后的日本，后来作为丰田模式的关键支柱在全球范围内普及。此后，它几乎被应用于每个行业。这种始终寻求改进流程和实践的心态是丰田生产系统成功的关键原因，许多精益运动的风格由此诞生。

9.2.1 团队拥有自己的流程

在我大女儿大约三岁时，她坐自己的高脚椅显得太大，但坐成人椅又太小。解决方案是坐一把介于二者之间的针对学步儿童的椅子。我们从宜家买了一把这样的椅子，并且顺利地完成了组装，这是一次罕见的DIY（自己动手）壮举。两年后，为了我小女儿，我们又如法炮制了一遍。然而，我们并没有简单地为她买一把椅子，而是将我大女儿用过的椅子传给了她，并为我的大女儿买了一把新椅子。当我再次准备组装时，我五岁的大女儿决定要自己组装椅子。她组装得不错，然后就跑去玩了。后来，我拧紧螺丝并将椅子放在适当的位置。那天晚餐时间，我们听到她一直说她"建造"的椅子很了不起。实际上，这持续了整整一周。就好像那是有史以来组装过的最了不起的椅子。事实上，这把椅子和我两年前组装的椅子是同一种类型的。但是两年前可没有人称赞那把椅子。

那么差别是什么呢？答案当然是因为第二次是我女儿自己把椅子组装起来的。她受到了宜家效应（Ikea Effect）的影响，这是一种认知偏见，人们对其部分参与创造的东西给予不成比例的高价值判断。我安慰自己，我女儿喜欢这把椅子不是因为它比我两年前组装的那把更好，而是因为她参与了组装。当涉及团队采用的流程和实践时，我们可以观察到相同的效应。让团队拥有自己的工作方式是敬业度的巨大驱动力，这使他们更有可能遵循流程并更有可能改进流程。所有权也强化了他们确实是可以为自己做决定的成年人的感觉。

改进的方面在这里是关键。敏捷运动的创造者深受精益运动的影响。每一个单一的敏捷框架（如Scrum）都设计了频繁的正式机制来反思团队的效率并改进它。团队应该每个月至少有一次机会检查自己的表现并讨论如何改进。这个活动应由在该领域有专业技能的人来主持。这是对正在创造中的产品或服务进行业绩检查的补充。

Kaizen（持续改善）只有在组织的各层次都执行时才有效，特别是由做这项工作的团队执行时。时间和资源也必须专门用于持续改善这一目的。事实上，2005 年丰田仅从其日本员工那里就收到了超过 540 000 项改进意见。这源于这样一种信念，即普通员工是解决复合问题的最佳人选。无论管理者多么聪明，他们都无法单独提出如此大量的改进——即使他们这样做了，团队也不太可能会听。难怪很少有人能跟上采用这种方法的组织在各个层次上不断改进的步伐。通常情况下，从长远来看，磨刀不误砍柴工，放慢速度确实可以让你加快速度。

9.2.2 流程灵活性

曾经与我合作过的一个组织最近部署了一种新的数字工具供团队使用，以便更有效地管理其工作。采用这个工具的决定是由部门领导做出的，所有团队都必须使用。开始使用后，有一个团队举办了一个名为“回顾”的改善活动，目的是反思前两周的工作，并确定切实改进团队成员协同工作的方式，以便在今后更加有效地工作。在这次回顾中，有人建议稍微改变他们的工作流程，以便团队成员之间在经常有误解的活动上进行更多协作。这是一个不错的主意，几乎肯定会减少产生的缺陷数量。

只是有一个问题：新工具的工作流管理部分是被锁定的。只有管理员可以更改工作流程。该团队及时发出更改请求，但遭到来自管理层的断然拒绝。很明显，所有团队都需要使用相同的工作流程，以便统一管理报告。这令人非常沮丧，但这并不奇怪。根据我的经验，这是很正常的。管理层会找到一种“最好的方法”，并要求所有团队以最好的方式使用最好的工具，没有偏差。这完全是泰勒先生的套路。

统一和标准化是控制型文化组织的标志。在某些领域，尤其是在安全是至关重要的领域，这可能非常有效——实际上至关重要。与许多事情一样，当统一性和标准化脱离情境应用时，问题就来了。当涉及探索领域时，标准化会破坏创造力和敬业度。它一定还会让团队使用的流程和工具远不如他们自己可能会选择使用的合适。鉴于这些团队成员比任何人都更了解他们面临的挑战，这让人很遗憾。管理工作的工具应该始终为团队服务，而不是相反。

甚至有报道称，这种做法延伸到了英国某政府部门，其强制实施标准化的办公桌布局。一个敢把香蕉留在办公桌上的员工会被问香蕉是“活动的还是不活动的”。如果回答是“不活动的”，则意味着它不会马上被吃掉，因此应该藏在抽屉里。毫无疑问，那些善意的负责任的咨询顾问犯了与许多其他别有用心的“精益”咨询顾问类似的错误——他们误解了丰田生产系统之父大野耐一（Taiichi Ohno）本人的一句话：“没有标准，就没有改善。”许多人错误地将标准（standards）理解为标准化（standardization）。但其实标准是记录团队的当前流程，标准化是确保所有团队以相同的方式工作。

大野耐一实际上是在说，如果不首先建立一个基线，就不存在一个可以改进的标准。标准应该一直在变化，而变化必须来自遇到问题或机会的团队。事实上，有一次大野耐一发现一个团队没有更新其标准，因此有一段时间没有更新其工作实践，他斥责并厉声说：“你们一直在以同样的方式做这件事，所以在过去一年里你们一直是偷工资的人……你每天来上班做什么？如果你每天都在观察，你应该会发现你不喜欢的东西并立即重写标准。即使挂在这里的文件是上个月的，这也是错的。”这里所列的译文可能丢失了一些细节，但重点很明确：工作实践不应保持静止，总有需要改进的地方。

对工具和流程如此，对现成的框架结构和工作方式也是如此。那些更具规范性的框架结构和工作方式可能更容易开始启用，但它们很快就会变成约束。永远不要仅仅因为框架结构有规则就成为其奴隶。尝试找到一种新方法——一种更好的方法，一种团队认为最能满足他们需求的方法。避免强制执行流程、实践和工具。当需要团队之间协同工作时，应该是这些团队（绝对不是脱离了工作的管理者）在合理的约束条件下提出解决方案。

9.2.3 交叉学习

20 世纪 60 年代，里努斯 · 米歇尔斯（Rinus Michels）引领了足球领域的一项创新。在带领荷兰阿贾克斯队（Ajax）取得联赛和杯赛冠军之后，他开创了一种被称为全攻全守（Total Football）的战术。这种大胆的新战术与当时英国、意大利和大多数欧洲球队僵化、固定的阵型战术形成鲜明对比。在米歇尔斯的战术中，球员们在球场上流畅地跑动，毫不费力地填补队友留下的空位。为了做到这一点，除了守门员之外的每个球员在踢他自己的位置的同时还需要能够踢任何其他位置。这能使团队具有最大的灵活性，可以随着赛事的进展做出即时响应。这种方法非常成功，并最终带领荷兰国家队进入了1974年的世界杯决赛。当今世界上最成功的足球教练佩普·瓜迪奥拉（Pep Guardiola）仍在使用这种战术。

这种战术对参与者的角色有与以往不同的定位。他们不再是几乎不需要偏离自己职位的个别专家，而变成了能够迅速适应不断变化的环境的通才。参与者是各行各业的达人，有些甚至是大师。

这与现代组织中的创意团队有很相似的地方。才华横溢的人戴着耳机在筒仓中工作以屏蔽世界的日子已经一去不复返了。团队合作和协作现在变得更加重要。了解团队完成的所有工作可以帮助团队成员更深入地了解整体情况，并避免因采用亨利·福特的生产线专业化方法而导致的局部优化。

当一起解决问题的两三个人将多个学科领域结合在一起时，交叉学习的力量是很强大的。潜在问题在变成实际问题之前就被发现了，并且每个人都可以更好地了解自己工作领域之外的其他领域。结对工作（甚至小组工作）是新常态。这培养了学习文化并鼓励了专业通才的发展。这样做的另一个好处是可以消除在高度专业化的团队成员中出现的瓶颈。复合的问题最好由团队解决，而不是团队中的个人。以这种方式工作一点儿也不浪费。

> **思考**
>
> **在你的组织中，团队在持续改进上花了多少时间？团队拥有自己的流程吗？是什么阻止了让团队拥有改进流程和工具的更多控制权？**

9.3 衡量绩效：以更少的工作获得更多价值

帕累托法则（通常称为80/20法则）指出，80%的结果可归因为20%的努力。也就是说，团队交付了大量的产出，却可能只交付了很少的真正价值。这类似于在错误的方向上快速奔跑。为了极小的成果花费了很多努力。这是一种特别难以被发现的浪费形式。

9.3.1 结果胜于产出

我们在第8章中谈到了追踪业务结果而不是预先定义产出的好处，但这里值得重新讨论一下。我经常被问到如何衡量团队的效率。这是一个很好的问题，但没有令人满意的答案。经济学家保罗·克鲁格曼（Paul Krugman）在他的著作《期望消退的时代》（*The Age of Diminishing Expectations*）中指出："生产力不是一切，但从长远来看，它几乎是一切。一个国家能否随着时间的推移提高人民生活水平，几乎完全取决于其提高人均产出的能力。"

鉴于我已经讨论过从个人层面到团队层面的转变，我们可以在这里用"工人"代替"团队"——但这仍然给我们留下了一些问题。如果被创造的价值是无形的（如创新就总是如此），产出是用于衡量价值的一个很差的指标。如果一名工人每分钟采摘20个橙子，并且随着时间的推移增加到25个，那么该工人显然会变得更有效率。如果知识工作者每天有5个创意并且后来增加到6个，那么这个人是不是变得更有效率呢？团队开发软件的新功能又是怎样的呢？每周7个比5个更好吗？如果他们开发了一个比其他所有功能都更有价值的功能呢？如果被衡量的是产出，那么交付的就是数量——可能会以牺牲质量和影响为代价。

毫无疑问的是，当涉及探索活动时，衡量生产力并不像计算一段时间内的产出那么容易，因此基于产出的生产力是没有用的。一个人可以提供大量的产出，而根本没有提供任何价值，许多组织就是这样。我们需要的是某种基于价值的生产力衡量标准——一种衡量随着时间推移所交付的价值的方法。那么，关键就是以最少的产出交付最大的价值。于是问题就变成了什么是价值？创意团队所做的大部分工作都涉及思考和学习。这种工作是如何衡量的？又如何降低风险呢？

结果远比产出更有效。结果是对业务人员来说有意义的且可由团队衡量的量化指标。结果很少能像其他衡量团队效率的指标一样被人为操纵，而且它们还驱动着端到端的问责制和自主权。它们让团队专注于要解决的问题，而不是要构建的东西。以结果为目标可以让团队更灵活地关注如何实现它们，而不仅仅是跟踪产出。产出通常是固定的，甚至可能不会带来理想的结果。这种方式引导了一种试验文化和团队成员对工作的责任感。如果团队参与了设定结果的过程，这种方法就更有效了。像目标和关键结果这样的衡量方法会非常有效。在产品或服务生命周期的各阶段，设定结果的类型和节奏会有所不同。有关管理产品组合和产品开发生命周期的更多信息，请参见第 8 章。

要记住的一件事是，无论出于什么原因，如果领导者对团队所做的工作成效不满意，那么很有可能症结不在团队本身。大多数情况下，在组织层面存在一些系统性的问题，导致团队之间或与客户间无法轻松地进行沟通和协作。他们可能缺乏适合该工作的工具，或者对阻碍团队的不必要限制感到恼火。一个糟糕的团队往往反映出一个糟糕的领导。如果一个系统没有产生预期的结果，那就改变这个系统，而不是里面的人。这是领导的责任，他们需要有洞察系统性问题的能力。

9.3.2 亲自去看一看

在精益主题上，有这么一个案例。大野耐一会让丰田的一位年轻经理站在工厂内的一个小粉笔圈内“观察”，并说出看到了什么。如果答案令人不满意，他就会被留在圈里，有时一待就是几个小时。大野通常会发现该区域的一些问题，想让年轻经理识别问题并提出解决问题的方法。然后这位经理的工作就是教那些做这项工作的人解决问题的方法，以便他们能够识别并解决自己的问题。如果问题是团队无法解决的，经理会为他们解决。

真正做工作的地方的日语单词发音是“玄吧”（genba，有时在英语中拼写为 gemba）。这就是团队创造价值的地方，而管理者和领导者有时却离“玄吧”越来越远了。用报告和仪表板代替走进工作现场去关注进度的趋势却在增长。很明显，通过这种方法，领导者只会看到他们特别要求的一小部分数据。他们不会看到功能障碍，不会看到影响有效性的系统性障碍，不会看到文化和敬业度问题。他们也永远不会真正知道团队在当前系统中的表现如何。这些内容很少出现在仪表板上，却是需要领导层持续关注的问题。

据报道，大野耐一曾说过：“不要用眼睛看，要用脚看。不要用头思考，要用双手思考。”还有一句类似的话：“不懂数字的人是没用的。数字不可见的‘玄吧’也很糟糕。然而，只看数字的人是最糟糕的”（着重强调）。通过这两句话，他清楚地表明不花时间在创造价值现场的领导者将很难进行领导。这与 20 世纪 70 年代惠普公司开发的走动式管理（Management by Wandering Around）非常相似。我相信，当一个人处于比制造业更具创造性的领域时，这一点更为重要。对创新，创造正确的文化、结构和政策就是一切。很多时候，当我鼓励领导者走出去，真正观察正在发生的事情、与人交谈、感受情绪和挑战时，这个过程会演变成一次令人大开眼界的重要经历，并引发重要的政策变化和改进。

在这个新的、高 VUCA 水平世界中，领导层（敏捷领导层，如果你想这么说的话）要做的是理解系统、理解客户、理解事物之间微妙的相互作用，并采取行动创造一个环境，让才华横溢、富有创造力的团队可以做非凡的事情——然后要做的就是给他们让路。

思考

你的组织如何评估团队？从跟踪产出转向跟踪结果是否有一些价值？领导者是花时间观察团队互动还是依靠报告和仪表板来评估团队绩效？领导者越来越接近价值交付系统是否有价值？

本章小结

- 其他 5 个促进因素通过实施基本的组织操作系统来为敏捷性创造环境，工作方式则涵盖了团队使用的特定流程、实践和方法。
- 这些工作方式就像安装在底层操作系统之上的应用程序。存在很多选择，每个组织都可以根据其独特的环境选择自己独特的组合。
- 有很多框架结构和方法对敏捷性都有效，还有一些几乎普遍适用的底层模式。
- 大量沟通、工作可视化和日常协调会议能促进协作和自组织。
- 过度规范的框架结构和工具可能会限制并降低团队效率、士气和敬业度。
- 团队必须根据最适合他们的方式创建并持续改进他们自己的流程。这将不可避免地导致团队以不同的方式工作，并使用不同的工具来支持他们。

业务敏捷性的关键实践

- 设计工作环境，尽可能减少团队沟通和协作的障碍。团队成员间能实现近距离接触是最好的。如果这不可行，就尽量经常将团队聚在一起，并使用世界一流的协同工作软件。
- 将工作可视化，来促进以工作和要解决的瓶颈为中心的自组织和透明度。
- 召开不超过 15 分钟的团队级日常协调会议，以同步和协调团队成员之间的工作。当与多个相互依赖的团队合作时，召开多团队协调会议（每个团队至少有一名成员参加）来协调团队之间的工作。
- 以短周期和小批量进行工作以减少反馈时间，更快地将价值传递给客户，并提高整体敏捷性。
- 为团队安排有组织的自由时间，以加快交付速度并为创造力、创新和学习提供空间。当人们一直忙碌时，很少会有很好的创意出现。
- 避免指手画脚的做法和工作方式。允许团队找出最适合他们的工作方式。除了管理报告之外，以统一方式工作对团队几乎没有任何好处。要让团队对其过程的有效性拥有所有权和责任感。
- 坚持不懈地持续改进团队工作方式的各个方面，以及他们创造的产品和服务。为团队腾出时间和空间来磨砺“斧头”。
- 经理和领导者必须走进工作现场。没有其他方法可以观察团队之间的互动、感受团队的情绪并发现需要领导关注的系统性问题。不要依赖仪表板报告来提供这些信息。它无法提供。

第 10 章

引领变革

如果你不喜欢改变，你就会更不喜欢其他无关痛痒的事情。

——埃里克·新关（ERIC SHINSEKI）将军

在本章中，我们将探究：

- 业务敏捷性计划失败背后的原因以及如何预防它们
- 支持成功变革计划的一些关键原则
- 如何围绕成功愿景实现一致性和透明度
- 如何设计一系列有意识协调一致的整体行动，以实现真正的业务敏捷性
- 如何使用业务敏捷画布作为管理组织转型的战略工具

10.1 为什么大多数变革会失败：避免陷阱

通用汽车的前弗里蒙特工厂作为新联合汽车制造公司重新开业后取得的成功（见第 5 章）表明，大规模变革确实可以成功。一旦他们实现了制造高质量、可盈利的小型汽车的首要目标，就该专注于第二个目标：从与丰田的合资企业中吸取经验教训，并在通用汽车的其他部门实施。由于美国各地的工厂数量众多，在整个组织中掌握这种新方法将为其增加数十亿美元的盈利。第一个机会出现在新联合汽车制造公司以南约 400 英里的洛杉矶范奈斯（Van Nuys）地区。由于范奈斯工厂面临关闭，其经理访问了新联合汽车制造公司，并认为丰田生产系统可能有助于挽救他的工厂。然而，这一次，丰田不会成为其合作伙伴。通用公司范奈斯工

厂的工人们只能靠自己。

生产火鸟（Firebirds）和科迈罗（Camaros）品牌汽车的范奈斯工厂的名声几乎和弗里蒙特工厂一样糟糕，工会斗争频繁，有缺陷的汽车进入生产线，工人故意破坏。尽管工厂即将关闭，但工人们并未感到其工作面临迫在眉睫的威胁。与有机会保住工作以换取新的工作方式的新联合汽车制造公司的员工不同，范奈斯工厂的员工并不觉得有必要与新系统合作——而且有充分的理由。因为丰田系统那更高效的工作方式被视为对就业的威胁。确实，如果成功，它将导致范奈斯工厂四分之一的工作岗位流失，因为用更少的工人就可以保持相同数量的产出，且质量水平更高。

更重要的是，团队合作和工作轮换的概念侵蚀了当时资历至上的规则。在当时盛行的制度下，最好的工作和特殊津贴纯粹是根据工作年限授予工人的。过渡到团队合作模式意味着人们将在不同的工作岗位之间轮换。在长期服务中建立起来的多年特定的、轻松工作的权利将一去不复返。另一个问题是团队的集体责任。为了有效性，团队需要淘汰那些没有尽职责本分的人。这将导致工人与管理人员心态的重大变化。考虑到这一切，工会坚决反对这一变革。

工人不是唯一的反对者。管理人员也反对。他们同样不愿意放弃他们的特权和津贴。他们不希望与一个大团队的员工共享停车位和自助餐厅。管理人员还抵制引入安东绳以及工人能够停止生产线的主意，因为管理层奖金取决于所生产汽车的数量，而不是质量。实际上管理层威胁说，如果改革继续进行，他们将集体辞职。

更大的问题还是持续改进（kaizen）原则的实施。在新联合汽车制造公司，零件来自日本，质量上乘。如果零件的设计出现问题，丰田工程师会对其进行返工以解决问题。但通用汽车公司范奈斯工厂与丰田公司没有这样的合作。如果某个零件需要返工，底特律（Detroit）（译者注：通用汽车总部所在地）的相关部门根本不会过问。工厂完全孤立无援。部门之间没有相互协作，也没有任何动力要开始协作。

似乎各方都在抵制变革。尽管对公司不利，但现状满足了工人和管理人员以及总部一些人的需求。孤立地进行改革是不可能成功的。整个组织生态系统必须全面改革。管理人员不得不承认，他们无法解决工厂车间面临的许多问题。人们很快就明白了为什么丰田如此愿意分享它的秘诀：因为它知道，通用汽车公司如果不彻底改革整个组织，就无法复制丰田的成功。结果如何呢？1992 年，范奈斯工厂永久关闭，导致 2 600 人失业。

前新联合汽车制造公司的经理几乎在任何地方现身拯救濒临倒闭的工厂时，都会遭到根深蒂固的官僚机构和既得利益集团的抵制。得不到来自公司高管的支持，他们根本无法扭转局面。尽管最终通用汽车公司确实开始整体改善，但速度还远不够快。2008 年，它成为美国企业历史上最大的破产案，需要 500 亿美元的救助。通用汽车公司的失败并不是因为缺乏对丰田生产系统的了解，而是因为缺乏进行痛苦的全面变革以实现其利益的意愿。

通用汽车绝非个例。在大规模变革计划中取得真正成功确实不多见。尽管仅在变革管理咨询方面就花费了 100 亿美元，但研究表明，超过 70% 的组织未能实现其既定的变革目标。这意味着仅用于数字化转型的 1.3 万亿美元中，大约有 9 亿美元被浪费了。我的感觉是，当谈到所谓的敏捷转型时，情况更糟。对敏捷意味着什么，人们通常很少达成一致，更不用说实现它需要什么了。一些组织在没有明确方法的情况下，在管理导师和顾问身上投入了大量的资金。敏捷运动的发起者之一迈克·比德尔（Mike Beedle）曾经对我说："培养独角兽比改造恐龙更容易。"迈克的意思是，今天周围大多数真正具有适应性的组织就是以这种方式起步的。每年都会出现新的有创造性、灵活性和颠覆性的组织来挑战成熟的、通常是不灵活的保守组织。

不幸的是，成熟企业有效地转型以追逐年轻竞争者的案例寥寥无几。软营公司（Salesforce）、微软（Microsoft）和荷兰安银银行（ING）是少数几个在整个组织结构进行了艰难变革后得以成功转型的公司。然而，每一个成功背后都有许多失败。那些试图支持这种转变的人有时会觉得自己像希腊神话中的西西弗斯，注定要永远将石头推上山，每次到达山顶时却眼睁睁地看着它滚下来。但事情不必非得这样（我们可以避免这种情况）。多年来，我已经看到了一些大大小小的成功，我真的相信，应用本书中的原则会带来更多的成功。

在近距离观察了几十次敏捷转型后，我对许多组织未能实现其预期结果的关键原因有了深入的了解。我现在会详细说明我认为最大的五个问题，以及它们是如何导致失败的。

10.1.1 陷阱一：缺乏奉献精神

1519 年，埃尔南 · 科尔特斯（Hernán Cortés）带领 500 名士兵和 100 名水手在穿越危险的大西洋后抵达现在的墨西哥。他们的目标是征服阿兹特克（Aztec）帝国并掠夺其大量珍贵的宝石、白银和黄金。由于寡不敌众且供应不足，科尔特斯败下阵来。为了不留任何撤退的机会，他下令摧毁船只。由此，他的士兵们毫无疑问已经没有退路了。他们知道他们要么成功，要么死。最后他们成功了。正如欧里庇得斯（Euripides）所说："没有什么比迫切的需要更有力量。""烧船"自那以后就成了表示全心全意遵守某一行动方针的代名词。

尝试任何改变的第一步应该始终是了解问题或机会到底在哪里。没有这一步，其他一切都不会顺利推进，而且很少有人会认同。正如西蒙 · 斯内克（Simon Sinek）在他广受欢迎的 TED 演讲中所说："人们不会相信你所做的；他们相信你为什么这么做。而你所做的只是证明了你所相信的。"对组织进行必要的变革以提高其敏捷性并不是一件小事。与任何有价值的东西一样，这绝非易事。人们需要知道为什么这种变革很重要，否则就会感到困惑并开始抵制。

了解变革的原因固然重要，但这还远远不够。为了获得真正的利益，领导者还必须致力于推动其组织进行常常是痛苦的变革。如果不这样做，就会导致肤浅的改变和表面上的敏捷，而这几乎不会带来真正的好处。要想实现真正的变革，就必须有强烈的紧迫感，必须有一个推动行动的"燃烧的平台"。约翰 · 科特（John Kotter）在他的《领导变革》（*Leading Change*）一书中指出："大多数员工，75% 的管理层人员，以及几乎所有的高层管理人员都需要相信，重大变革是绝对必要的。"这是最重要的。

当我完成本书的这一章时，我与世界各地的数百万人一起进入了由于新冠肺炎肆虐而无法离家的第十周。世界各地的实体组织（其中许多对改变没有紧迫感）突然被迫为生存而战。在过去的两个月里，我看到了比前几年更多的业务敏捷性。

10.1.2 陷阱二：错误的人引领变革

正如我在本书中所讨论的那样，业务敏捷性变革代表了通过提升创新和响应能力进行竞争的战略决策。从这个层面上讲，转型应由组织中最高领导层发起并推动。我经常看到由中层管理者领导变革计划。然而，从未听说中层管理者拥有必要的权力来实施关键的结构、政策和文化变革，从而使计划取得成功的。他们并没有权力改变组织的操作系统。

总有领导变革的中层经理问我如何向高层领导"推销"敏捷的好处，以便他们接受变革。虽然我的许多活动（包括本书）确实关注业务敏捷性的案例，但我相信很少有书籍、主题演讲或咨询活动能够说服领导层。如果现状满足了最高职位人员的个人和专业需求，那么几乎就不会有改变。只有高层领导自己真正有紧迫感并致力于亲自推动必要的变革，变革才能成功。简而言之，他们必须为变革的成功承担个人责任，并积极参与促进变革。

想一想我们到目前为止所讨论的内容，以上这个结论应该不足为奇。能够改革前几章讨论过的促进因素的人在任何特定组织中都只有少数几个。中层管理者推动领导风格、文化、结构和政策发生重大变化的可能性，与组织在不进行这些改革的情况下变得敏捷的可能性一样渺茫。这就是为什么自下而上的变革往往不会落地。我相信在转型组织中获得每个人的支持至关重要。然而，认同和积极推动结构性变革是两码事。

10.1.3 陷阱三：中层管理者的抵制

如何克服中层管理者的抵制也是一个重要的问题。中层管理者可以对转型工作产生巨大的积极或消极影响。现代组织善于利用团队的力量，很多决策都是在团队层面做出的。这是因为重要信息通常存在于团队和客户之间。因此，从事这项工作的人比以往任何时候都更有权力。然而，我们必须始终记住，当一组人被赋予权力时，另一组人往往会被剥夺权力。被剥夺权力的群体主要是中层管理者。

培养文化、决定战略和设定组织目标总是需要少数的领导者。然而，中层管理人员曾经做过的大部分工作现在都由自我管理的团队完成。虽然总是需要职业指导和一定程度的管理，但相比从前这种需要已经减少了。可以理解，这个不断缩小的群体中的许多成员会抵制变革。人们必须以同理心对待。对那些职位因转型而改变或取消的员工，组织必须提供培训，使其能够胜任更有价值的新岗位。

当然，最重大的变革还在于激励措施的重新调整。正如第 5 章所讨论的，改变文化的方式是改变行为，改变行为的方式是改变政策。没有协调一致的激励措施，是中层管理者抵制变革的首要原因。如果人们因变革而变得更糟，谁还会支持变革？同样，如果人们看到合作会让他们过得更好，阻力就会消失。

10.1.4 陷阱四：关注点过窄

正如我在本书中所提到的，许多组织将其变革主要集中在流程、实践和框架结构上——就是我所说的工作方式（见第 9 章）。虽然这些方面的变革很重要，但许多其他方面也必须重视，却往往被忽视了。这种关注点过窄的变革方式的流行直接引发了 6 个促进因素模型（the 6 Enablers model）的创建和本书的编写。

这种过窄的关注点往往会导致人们谈论“混合模型”和“务实的解决方案”。这意味着组织在很大程度上还是在做以前做过的事情，仅带有由一些新实践和流程组成的敏捷性的外表。人力资源政策、治理和成功的衡量标准保持不变，其结果当然也会保持不变。

10.1.5 陷阱五：缺乏连贯的方法

理查德·鲁梅尔特（Richard Rumelt）是畅销书《好战略，坏战略》（*Good Strategy/Bad Strategy*）的作者，他将战略描述为“诚实地承认我们面临的挑战并提出克服这些挑战的方法”。很多组织的“敏捷转型”都对要解决的真正问题缺乏理解，并且缺乏解决该问题的连贯方法。这引发了大量的工作，却很少有进展。需要承认的是，绝不能将敏捷性视为组织的终极目标。业务敏捷性是提升组织绩效的一种手段，也是领导者做出的战略选择，以使组织能够在动荡和不可预测的环境中赢得竞争。

一旦理解了这一点，至关重要的就是制定协调一致的方法来实现既定目标。就像在没有总体战略的情况下派兵参战会招致失败一样，聘请一大批业务敏捷管理导师和顾问与团队坐在一起，希望一切都能齐头并进，这几乎肯定不会带来什么好结果。推动变革的领导者必须清楚地了解要采取的高层步骤，以及这些步骤如何组合在一起形成一个连贯的整体。这几乎总是意味着要让少数经验丰富、值得信赖的顾问参与进来，以帮助避免掉进常见的陷阱，并就一些往往会导致成功结果的高级模式提供指导。可悲的是，许多所谓的管理导师对真正的业务敏捷性和如何实现它的组织模式几乎一无所知。他们完全专注于组织操作系统上的流程和框架结构，而且提出的变革经常是相互矛盾的。许多咨询公司也一样，在缺乏真正的专业知识的情况下，他们依赖千篇一律的方法，而不考虑每个组织的目标、文化和产品的独特性。

实现业务敏捷性途中的陷阱是很难躲开的。变革组织是艰难、混乱和痛苦的。正如在生活中一样，在商业中不经过奋斗很难实现真正的价值。并非每个组织都准备好要踏上实现业务敏捷性的旅程。那些没有步入探索领域的组织将继续专注于利用他们拥有的东西。这将在短期内给他们带来好处。然而，由于缺乏创新能力，有些组织寻求通过收购实现增长。虽然这些收购的成本直接计入资产负债表，并且在最初可以提升股价，但许多人往往付出了过高的代价，并且难以将新组织融入他们的文化中。其实，如果做得好，创建一种从内部进行创新的系统方法将在中长期内被证明是一种非常优越的方法。对那些愿意走上真正敏捷之路的人，我们来研究一些在开始复杂的变革计划时需要考虑的主要原则。

> **思考**
>
> 你在转型过程中观察到了书中描述的哪些挑战？你是否预见到其他问题会成为问题？可以做些什么来解决这些问题？

10.2 引领变革的七项原则：奠定基础

每一次转型都需要以正确的心态开始。以下七项原则构成了所有其他原则的基础。与业务敏捷画布一起，这些原则能帮你避开导致变革计划失败的关键因素。如果不遵循这些原则，即使是经过深思熟虑的方法也会出问题。这些原则是变革的基础，并融入变革的方方面面。因此，它们应该经常出现在领导者的脑海中。

10.2.1 原则一：领导驱动

在整本书中，我讨论了组织从一种状态转变到另一种状态并取得非凡成果的现实生活中的例子。从新联合汽车制造公司（见第 5 章）到圣达菲号潜艇（见第 4 章），再到联合特种作战司令部（见第 6 章），这三个案例有一个共同的特点。那就是，最高领导是变革的推动者。尽管在某些领域始终存在自下而上的变革元素，但无法以这种方式设定变革的愿景和目标。当涉及大局（如组织政策、结构和文化）时，这些几乎完全是高层领导的决策领域。认同永远是不够的，领导层必须承担并推动变革。

话虽如此，组织变革不能只是让人们机械地执行。重要的是带着人们一起前进，并帮助每个人培养朝着结果前进的主人翁意识。它必须在自上而下的变革和自下而上的变革之间取得平衡，领导层要消除巨大的结构性障碍，使团队能够改变他们的工作实践。

10.2.2 原则二：拥抱试验

20 世纪 50 年代初期，婆罗洲（Borneo）的达雅克人（Dayak）内部暴发了疟疾。根据世界卫生组织的建议，在达雅克地区喷洒了大量的双对氯苯基三氯乙烷（DDT），以消灭蚊子并阻止疾病的传播。在疟疾问题得到改善的同时，其他奇怪的事情发生了。首先，人们的屋顶开始坍塌。接着，岛上又出现了两种比疟疾更致命的疾病——斑疹伤寒和森林鼠疫。DDT 似乎不仅杀死了蚊子，还杀死了当地以吃茅草的毛毛虫为食的一种小黄蜂。失去天敌的毛毛虫数量激增，疯狂啃食屋顶并导致屋顶倒塌。与此同时，以当地壁虎为食的猫也开始死亡，因为壁虎吃了含有 DDT 的昆虫。由于没有天敌猫的侵袭，老鼠数量成倍增加，从而导致了新疾病的传播。为了减轻这一系列连带反应，世界卫生组织安排将 14 000 只活猫空降到婆罗洲，最终稳定了局势。

由这件事得出的教训是：盲目应用现成的解决方案可能会导致与要解决的问题一样多的新问题。弗雷德里克·温斯洛·泰勒信奉找到“最好的方法”并加以执行的观点。我见过无数组织和咨询公司以同样的方式对待敏捷性。剧本、蓝图和模式化方法的泛滥源于一个简单的事实，即很少有人对这种类型的变革有深刻的经验和建议。要知道，成功没有可复制的公式。其所涉及的因素庞杂，互相关联，人们无法进行预测。正如一位不知名的作者曾经写过的：“问题不在于人们没有受过教育。问题在于他们所受的教育刚好足以使其相信所教授的知识，却不足以使其质疑所教授的知识。”

组织是一个复合的生态系统，而不是复杂的机器。因此，因果关系无法提前预测。不要照搬其他组织变革的方式。将变革视为一项创新或任何探索领域的工作，采取一种试验性的方法——一种敏捷方法。每个组织都是独一无二的，正确的方法只会随着时间的推移而显现。进行小小的改变，衡量影响，并根据需要进行修正。虽然高级模式和详细的计划（如本书中描述的那些模式和计划）可以为你指引方向，但明智的做法是尽可能减少未经验证的假设。数据总是胜过观点。

10.2.3 原则三：进步胜过完美

德斯蒙德·图图（Desmond Tutu）曾经说过："吃大象的方法只有一种：一次咬一口。"开始实施敏捷转型计划会让人望而生畏。很少有人会在 6 个月甚至 12 个月内实现我们所看到的那种戏剧性的转变。它可能需要更长时间，并伴随着跌宕起伏。最好的方法是从一小步开始。从一个产品开始，让少数团队参与进来，并在一个小范围内快速学习关键经验，可以缓解那些不愿意冒险重塑组织的人的紧张情绪。

牢记试验的重要性，请注意，无须从一份详细计划和一个完全规划好的终极状态开始。没有终极状态。唯一能做的就是朝着愿景不断前进。只要一个组织在进步，那么这些变革就会产生影响。变革过程本身永远不会结束。演进是新常态。

10.2.4 原则四：充分沟通

将组织发展的愿景、变革背后的原因和人们期待的结果三方面达成一致是最重要的。如果人们不了解变革的背景，就不会支持变革。为了激发员工的敬业度和支持度，必须让人们对组织寻求实现的目标充分了解且没有疑问。

正如我们所见，开放和透明孕育了信任与合作。如果没有清晰和频繁的沟通，人们就会处于持续的警觉状态，很可能会用谣言、八卦和猜测来填补信息空白。当领导变革的人已经厌倦了谈论愿景和下一步计划时，组织中的其他人可能才刚刚开始听说。因此，充分沟通至关重要。

10.2.5 原则五：衡量和奖励真正重要的事情

在英国统治印度期间，政府出于担心德里（Delhi）大量的眼镜蛇会造成危害，悬赏捕杀眼镜蛇。最初，这项政策似乎起了作用，因为人们为了得到奖励而杀死了蛇。然而，政府很快就发现一些有野心的人正在养殖眼镜蛇并从中获利。之后悬赏取消了，毫无价值的养殖蛇被释放，蛇的总体数量反而又增加了。

本例以及无数其他例子向我们表明，衡量标准是一个棘手的问题。它们本身既不好也不坏。实际上它们只是数据。围绕衡量标准的策略可能有用也可能没用。通常，它们可以让人们不惜一切代价专注于达到一个数字，而不是去做正确的事情。与前面的故事一样，这可能会导致一些意想不到的后果。还有一个现实是，有些事情是可以衡量的，而另一些则无法衡量。我们总是去衡量容易衡量的东西，而忽视了更为重要的东西。不过显而易见的是，激励是行为的强大驱动力，也是克服阻力和变革文化的关键部分。因此，你需要明智地选择你的衡量标准，不要成为它的奴隶。在理想情况下，这些标准衡量的应该是不能通过人为操纵来实现的产品或业务成果。

10.2.6 原则六：建设内部能力

如果咨询顾问没有积极地为客户尽快自给自足打好基础，那就是在伤害客户。来自经验丰富的外部咨询指导几乎肯定会加速敏捷性变革的进度，但咨询指导应重视发展组织内部能力，使变革尽早实现自我维持。一方面，很多咨询公司的顾问对敏捷转型没多少经验，让他们来指导不仅花费昂贵而且没太大用处。另一方面，好的咨询公司都不愿意为企业用户过多服务。因此，如果一家公司没有明确计划，无法建设内部能力，就别贸然行动。

内部能力之所以重要的第二个原因是，真正的敏捷性需要人们履行不同的工作职责。他们需要具备多种技能，协作和沟通将成为越来越受重视的技能组合。应该为人们提供正式的途径来发展并加强这些技能。随着更多的责任被移交给团队，他们必须有机会学习新技能。如果创新和低成本测试创意是所有团队成员的责任，则必须制定计划以提高人们的技能。

10.2.7 原则七：尊重他人并营造安全氛围

如第 7 章所述，如果人们感到不安全，他们将处于持续的紧张状态，并且不太可能做出最好的创造性工作，更不用说支持变革了。不确定和变化的时期对人们来说可能很困难，尤其是在涉及职位和职业道路变动时。即使不太可能会有职位保障，也要尽量减轻人们对工作保障的担忧。变革计划往往触及 SCARF 模型中的几乎所有元素（见第 7 章）：地位、确定性、自主性、相关性和公平。因此要有意识地削弱这些元素减弱所带来的影响，否则将导致许多人受到威胁后强烈抵制变革。

正如我们在前几章中看到的，当组织没有取得预期的结果时，问题很少出在人员和团队身上。它几乎总是取决于系统。员工不需要改变——系统、结构和政策才需要改变。要理解员工已经尽了最大努力，并将你的理解传达给他们。这将有助于减少抵触，并鼓励组织中的人员朝着愿景迈进。

思考

你的转型中是否缺少这里描述的一些原则？如果是这样，让这些原则就位需要做些什么？没有让它们就位会产生哪些影响？

10.3 业务敏捷画布：将你的转型呈现在一页纸上

如果没有首先真正了解组织寻求实现目标的本质、所需转型背后的原因以及在较高层次实现转型所需的步骤，任何组织都不应开始向业务敏捷性转型。我经常遇到一些高管，他们不了解实现目标所需变革的深度和广度。这就是为什么要先对最高领导层进行教育。如果不深入了解大多数敏捷转型失败的原因，以及转型可能需要的变革类型，就几乎不可能做出是否或如何进行转型的明智决定。通常，召开一个为期两天的有领导层参与的研讨会来探讨本书中讨论的一些主题就足够了。然后，该领导团队必须选择是否开始一个困难的、冒险的和不确定的过程。他们必须睁大眼睛看清楚再选择。这确实是为成功扫清道路的唯一途径。这也是帮助一些组织认识到他们还没有准备好进行真正转型的好方法。继续做好他们目前所做的事情只会有利于表面的变化，而不是实际的转型。

虽然有些人有充分的理由不选择业务敏捷性转型，但许多人会认识到越来越有必要这样做，并为该过程做好准备。到那时，人们会开始研究促成成功的因素。不同的人甚至可能试图要求对整体的不同部分拥有所有权，从而从不同的角度推动变革。这可能会带来实际问题，因为变革需要高度一致和协调。每个方面都会受到其他方面的影响，因此孤立地处理它们通常会导致破坏整体的局部优化。此时就需要用到业务敏捷画布了。这是我创建的一个工具，旨在为有关转型方法的关键信息提供一个框架，以建立一致性，并通过精心设计的协调行动（构成实现其目标的整体方法的行动）来指导领导者。

在介绍画布之前，我将介绍其形成过程以及灵感来源的相关信息。

10.3.1 科特的 8 步变革模型

约翰·科特（John Kotter）的模型最早出现在 1995 年《哈佛商业评论》的一篇文章中，一年后出现在他的《领导变革》（Leading Change）一书中。该模型已成为全球数千个变革项目的基础。科特花了 10 多年的时间，观察了世界上最大的一些机构的 100 多个变革项目。这些项目大部分都失败了，科特将失败的原因提炼为 8 个关键错误。

- 没有营造足够的紧迫感
- 没有建立一个足够强大的指导团队
- 缺乏愿景
- 没有就愿景与员工良好沟通
- 没有为新愿景扫清障碍
- 没有系统规划和实现短期胜利
- 过早宣布胜利
- 没有将变革植入公司文化

将这些要点整合到敏捷转型计划中（尤其是愿景、强大的指导团队和积极扫清障碍）会非常有用。以这种方式工作需要一支高度敬业、持续敬业的高层领导团队。没有这一点，变革很少会成功。

虽然这一模式是一个很好的起点，但它缺乏我认为值得在整个过程中讨论的协调行动的创建。

10.3.2 V2MOM 模型

V2MOM 模型由软营公司（Salesforce）的联合创始人兼首席执行官马克·贝尼奥夫（Marc Benioff）创建，且已在许多组织中使用，目的是围绕如何运营建立意识、一致性和专注点。我将这种更具体的方法与科特的模型结合使用，在转型中产生了巨大的效果。V2MOM 发音为“vee-two-mom”，由 5 个要素组成：愿景、价值观、方法、障碍和衡量标准。深入了解实现愿景的方法细节以及当前的障碍，可以使变革变得更加切实可行。讨论成功的衡量标准可以让每个人都清楚成功是什么样子以及是否正在取得进展。

当与科特的 8 步模型结合时，V2MOM 可以带来更好的清晰度。然而，我发现“方法”部分还需要细化。组织需要明确所有必须处理的方面才能取得成功。因此需要将这些方法分成多个部分。

10.3.3 业务敏捷性的 6 个促进因素

我希望自己的模型到现在这个时候已经不需要介绍了。只关注流程、实践和框架结构的狭隘方法将无法实现真正的敏捷性。当将 V2MOM 的“方法”部分拆分为 6 个单独的部分时，每个部分对应一个促进因素，变革的范围就变得非常清晰。它能帮助人们对重点领域进行更深入的了解，并确保没有任何遗漏。任何未解决的关键领域都必须是经过深入讨论和思虑后做出的有意识选择。

我发现，基于刚才提到的 3 种模型的混合方法为我工作的组织带来了巨大的成功。但是，使用电子表格进行跟踪透明度有限。我觉得一些更有直观性、互动性和触觉刺激的呈现方式会更好。为了实现这一点，我使用了下面这个我用过很多次的工具。

10.3.4 商业模式画布

长期以来，我一直对亚历山大·奥斯瓦尔德（Alexander Osterwalder）开发的这个工具的易用性和卓越性赞叹不已。人们经常引用爱因斯坦的一句话，大意是说“一切都应该尽可能地简单，而不是较为简单”。在创建商业模式画布时，奥斯特瓦尔德在一页纸上简洁地呈现出商业模式的9个关键要素及其相互作用。这使初创公司和成熟公司都能以协作和透明的方式迭代创意。

这激发了我将业务敏捷性促进因素用模型画布呈现在一页纸上的想法。该工具的目标是让转型战略对所有路过停下来看一眼的人而言都是连贯、协调和透明的。我们现在开始探讨我创造的成果——业务敏捷画布（见图 10–1）。

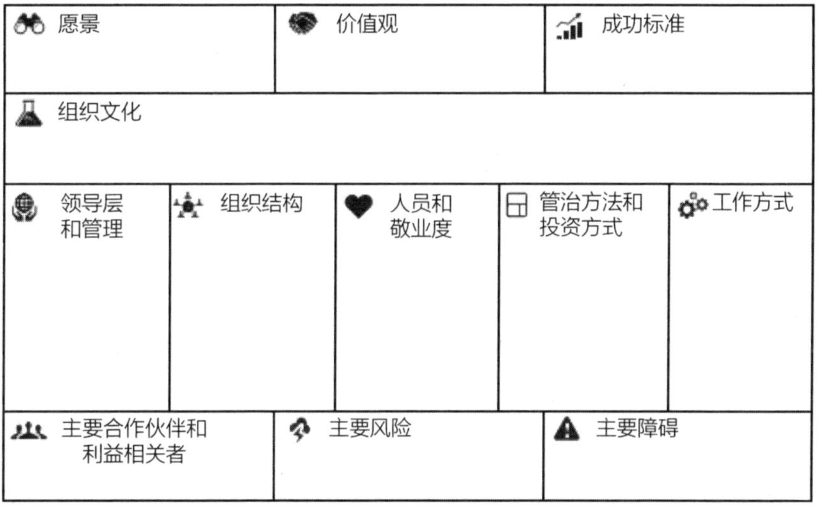

图 10–1 业务敏捷画布

画布由三个部分组成，每个部分都有多个元素。填充画布的过程是一个迭代过程，但肯定有一个初始流程（见图 10–2）。

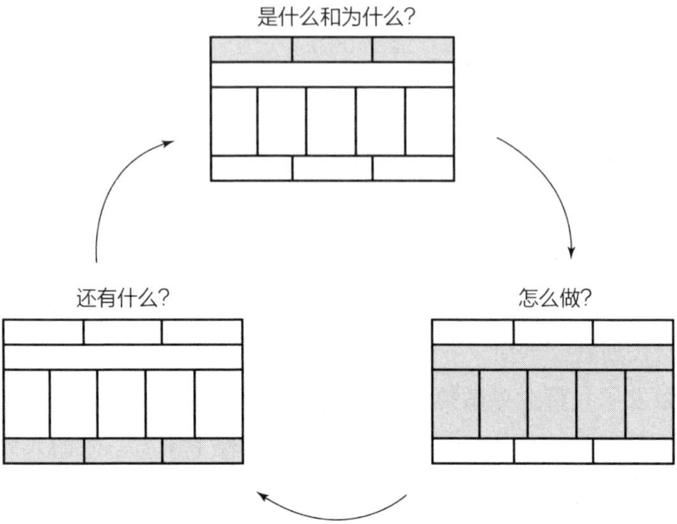

图 10-2　创建业务敏捷画布流程

10.3.5　上层部分（是什么以及为什么？）

画布最上面一栏由三部分组成。首先是愿景——组织究竟要实现什么以及为什么它很重要。如果在这一点上不一致，人们就会走向不同的方向，从而导致混乱。参与该计划的每个人都应该能够清楚地说明为什么要进行变革。

其次是价值观——代表在追求愿景时对人们最重要的东西。价值观将支撑人们的行为，并且必须融合在所有政策、激励措施和决策中。

最后是成功标准。这些标准是代表成功或进步的关键指标。哪些关键衡量指标会说明组织是朝着愿景前进还是背离愿景？如果没有这些衡量指标，一切都将是猜测。做到这一点对于制定正确的政策至关重要。不这样做意味着你可能在数字上达标，但会错过变革的初衷：提高敏捷性和面对不确定性时蓬勃发展的能力。

在对上层部分的元素达成清晰和一致之后，就该进入中间部分了。

10.3.6 中间部分（怎么做？）

中间部分由6个元素组成，每个元素都可以映射到本书涵盖的6个业务敏捷性促进因素之一。每个元素都占一个空格，用于记录就该领域要采取的具体行动。在空格中填好每个因素就不会产生歧义。如果忽略了其中某一个促进因素也能马上发现。每个因素包含的行动可能有多种形式。它们可能代表要做出的切实改变、要开始做的事情、要加强的事情、要停止做的事情或要减少的事情。有些项目可能会涉及非常大的变化。例如，创建基于加大投资的适应性资金模型（如第8章所述）是一项艰巨的工作。它们甚至会涉及整个工作流。明确意图很重要，但具体实施还需要对多个步骤进行大量的实践规划。

组织文化位于其他5个促进因素之上的原因是，文化是其他促进因素的产物。文化变革的杠杆是结构、政策、激励、指标和领导行为。这些变革将跨越直接位于文化之下的促进因素，并最终使其朝着期望的方向发展。这些杠杆因素将让人深入洞察到当前和期望的文化以及组织对变革的态度，无论是渐进式还是转型式，快速还是长期。然后组织可以选择适当的变革方法。

画布的最终目的是说明你的转型意图，并设计实现愿景所需的协调一致的战略变革。在一页纸上看到高层次的变革将使检查一致性和连贯性变得更加容易，同时避免进行相互冲突的变革。确定不变革的内容通常和确定要变革的内容一样重要，因此应该向所有人说明，包括任何其他的限制条件。许多高层次项目都可以用到本书中讲到的模式，这些模式的确切实现将取决于每个独特的情境。

10.3.7 底层部分（还有什么？）

最后一部分代表了其他一些重要的考虑因素。主要合作伙伴和利益相关者是这里首先要考虑的因素。利益相关者是那些参与变革并在整个过程中发挥作用的人。有些人（比如财务和人力资源部门的负责人）必须密切参与设计他们领域的变革，而其他人只会提供意见、影响和想法。有些人会支持，有些人会怀疑。这个群体必须得到积极管理和参与。合作伙伴是通过指导、培训和提供关键技能来支持变革的人。主要风险是指影响变革的事件。及时发现有利于第一时间解决。最后，主要障碍是一个列表，如果不清除，将成为转型的障碍。与对待风险一样，推动变革的领导者必须积极主动地清除这些障碍，否则转型将很快陷入停滞状态。

画布是一种工具，用于思考转型、确保变革的连贯性以及开辟通往愿景的道路。它也是协作、协调和沟通的绝佳工具，可以一目了然地说明要实现的目标、必须解决的方面及其内部的高层次变化如何相互补充。在实际工作中，重要的不是创建完美的画布（没有这样的东西存在），而是进行开放和坦诚的对话，并在各方之间建立共同的理解。这最终会形成你的转型战略，并帮助组织避免掉入 70% 转型失败的实体组织遇到过的陷阱。如果你一直保持对前几章内容的思考，你可能会发现填写画布更容易。

思考

你的转型的愿景、价值观和成功标准三者间有多少一致性？所有利益相关者是否清楚 6 个促进因素中的每一个都需要进行哪些变革？主要风险、利益相关者和障碍是否可见并得到积极管理？在一个页面上可视化所有这些因素是否可以改善协作和一致性？

10.4　使用画布：变革是新常态

按照画布工作往往需要组织在变革加速之前完成以下工作步骤：

（1）教育所有高层领导

（2）在愿景和价值观上保持一致

（3）召集变革推动团队

（4）定义成功的衡量标准

（5）致力于变革

（6）开始传达愿景

（7）计划高层次的变革

（8）试验、检查和调整

业务敏捷画布可促进第 2~8 步，随着时间的推移，步骤 7 和步骤 8 是主要的关注点。实际上，随着学习的深入，这些活动步骤中的每一步都会迭代多次。许多失败的转型是从第 7 步开始的。这些组织选择了一个首选框架并开始实施，但对愿景、预期结果、成功标准或文化匹配度没有明确规定。更糟糕的是，他们往往会忽略 6 个促进因素中的 5 个，并将时间花在流程、实践和框架结构上。当这些方法与现行的组织运营体系不兼容时，他们就会放弃努力并责怪除自己和顾问之外的一切。画布的存在就是为了防止这种时间、精力和金钱上的浪费。

多年来，我发现由一个人最终负责实现转型愿景和推动变革时，成功的可能性就更大。为了获得最好的结果，这个人应该是在进行变革的领域中最资深的人。他必须有权对所有 6 个促进因素的结构、政策和文化进行重大变革。出于这个原因，这个人往往是首席执行官，但如果有了相关的授权，就不必总是这样了。

一个总负责人有助于做出困难的优先级排序和权衡决定。让每个促进因素都有一个专项负责人通常也很有道理——例如，财务总监领导治理方法和投资方式，人力资源总监领导人员和敬业度。这个负责人团队将与许多其他热心的志愿者一起，组成科特在《领导变革》中描述的强大的指导团队。该团队将制定愿景和战略，并致力于实现它。有些人将主要关注单一的促进因素，其他人则可以有更广的视角。

由于每个因素都与所有其他因素高度相关，因此团队成员需要经常聚在一起协调、跟踪进度、消除障碍并计划下一步。例如，如果没有相应的结构变革来创建跨职能团队、文化变革来创建安全试验、人力资源政策来激励协作，就不可能去改革治理方法来激励那些允许失败的试验（safe-to-fail experiment）以及领导的分散决策模型。最初，指导团队应至少每月举行一次会议，以确保协调一致并跟踪进展情况。那些在特定促进因素内工作的人员可能会更频繁地交流。当然，这个指导团队的成员和更广泛组织中的其他人每天都会有很多互动。

使用画布的过程不是线性的。随着时间的推移会有很多迭代。画布也不会保持静止，而是一个活的文档，随着对变革的了解越来越多，它会不断发展。因此，必须经常重新审视画布。简单地打印出尽可能大的画布副本并使用便签标注以便于灵活使用。它应该放在公共场所，以便所有人都可以熟悉它。

科特在变革模型中描述的其中一个大错误是过早地宣布胜利。一个真正的风险是，组织在几个月后就会停止变革。但对大中型组织而言，这种转型可能需要多年时间。而在现实中，它永远不会结束。变革是一个不断演变的过程，是各种组织的新常态。

还有一个风险是，当领导者卸任时，他所推动的变革将被取消。这可能是有人故意安排的，因为新领导者往往试图通过推翻旧领导者来赢得名声，或者这可能仅仅是因为惰性。出于这个原因，至关重要的是在早期就要将变革深深扎根于文化和结构中，并在此基础上继续发展。组织中总会有要改进的地方，商业环境的变化需要组织不断进化。因此，即使完成了诸如组织结构变革之类的大项目，也值得重新审视画布以确保愿景、价值观和成功标准仍然保持一致。保持组织蓬勃发展是一项永无止境的努力，永远不应该被认为是已经完成了。

思考

转型中如何协调和跟踪高层转型？指导团队以什么节奏聚在一起进行同步和协调？这些变革如何传达给更广泛的利益相关者？

本章小结

- 大多数大规模的组织变革都失败了。业务敏捷性变革计划也不例外。
- 失败的原因包括缺乏对变革的奉献精神，缺乏推动变革的领导者，以及缺乏一系列协调一致的行动。
- 大多数组织只专注于一个（有时是两个）促进因素，但未能退后一步考虑更全面的因素。

- 业务敏捷画布可用于围绕愿景和成功衡量标准建立共识，以及规划要在6个促进因素之间采取的一系列协调行动。

业务敏捷性的关键实践

- 在开始转型之前充分了解为什么要提高业务敏捷性，然后广泛传达这些理由。
- 任何变革或转型举措都必须由组织的最高层推动，以确保获得必要的权力来进行变革并消除障碍。
- 创建一个团结、协作的强大团队，以推动组织所有领域的变革。
- 使用业务敏捷画布围绕变革建立一致性，并采用战略性、整体性的方法来设计一个连贯整体的变革。
- 制定高水平的实施计划，但要接受试错和调整。此类转型举措往往不会完全按预期进行。可采取数据驱动的方法进行迭代改进。
- 避免一刀切的方法。组织可以应用一些常见的模式，但每种独特情境下的正确做法会有所不同。
- 利用少数经验丰富的专家为推动变革的人提供建议。在引导组织沿着这条道路前进的过程中，警惕引入大量经验极少的通才顾问。
- 一定要投资建设内部能力，以确保变革能够尽快自我维持。